L'ESPRIT DU CH'AN

« *Spiritualités vivantes* »

TAISEN DESHIMARU

L'ESPRIT
DU CH'AN

Le Shin Jin Mei

Aux sources chinoises du Zen

Albin Michel

Albin Michel
▪ *Spiritualités* ▪

Collections dirigées
par Jean Mouttapa et Marc de Smedt

Introduction

Ce recueil, le *Shin Jin Mei*, est l'œuvre de Maître Sosan, troisième Patriarche après Bodhidharma *, et successeur d'Eka*. C'est le plus ancien texte sacré du Zen* (Ch'an). Bodhidharma ne parlait guère, son successeur Eka, non plus, qui fut boucher et balayeur de rues. Ils n'écrivaient ni ne composaient de poèmes. Mais, par ce *Shin Jin Mei* de Sosan, nous pouvons voir et comprendre les traces véritables laissées par ces deux Maîtres. Aussi Keizan a-t-il dit : « Nous devons nous incliner en *sampai** devant l'auteur de ce poème. »

La tradition l'associe à trois ouvrages postérieurs, le *Shodoka*[1]*, ou « Chant de l'immédiat Satori », de Maître Yoka (649-713), le *San Do Kai*[2], ou « L'essence et les phénomènes s'interpénètrent », de Maître Sekito (700-790), et l'*Hokyo Zan Mai*[2], ou

---

* Les mots suivis d'un astérisque sont expliqués dans le glossaire à la fin de l'ouvrage.

1. Voir *Le Chant de l'éveil*, le *Shodoka* commenté par Kodo Sawaki, éd. Albin Michel.

2. Ces deux œuvres sont traduites et commentées par Maître Deshimaru dans *La Pratique du Zen,* éd. Albin Michel, coll. « Spiritualités vivantes ».

« Samadhi* du Miroir du Trésor », de Maître Tozan
(807-869). Ces quatre textes forment le patrimoine
du Zen, dont ils sont la pure essence.

À l'époque du *Shin Jin Mei,* les écoles *Soto** et
*Rinzai** n'existaient pas encore, la scission survint
après le *San Do Kai.* Les textes écrits jusque-là
constituent donc la base commune à ces deux écoles.
Le *Shin Jin Mei,* en particulier, est la source des
*koans** Rinzai ; plus d'un millier en furent extraits.

L'ouvrage se compose de 584 idéogrammes répartis en 146 phrases, très brèves, comportant chacune
quatre idéogrammes, soit un total de 73 versets.

Maître Dogen* a étudié très profondément le *Shin
Jin Mei* dans son livre : le *Eihei Koroku,* et mon
Maître Kodo Sawaki l'a également commenté.

À cette époque, en Chine, le bouddhisme était
interdit et persécuté par le gouvernement. Sosan était
âgé de plus de quarante ans quand il rencontra Maître Eka. Atteint de la lèpre, il lui demanda :

« Je suis lépreux, je vous en prie, lavez-moi de
mes crimes !

— Apporte-les-moi, que je puisse les couper et
purifier ton *karma** », répondit Eka.

Alors Sosan dit :

« Je ne puis les saisir pour vous les apporter !

— Je t'ai déjà lavé de tes crimes. Tu dois avoir
foi en mon enseignement. »

Après avoir reçu l'ordination d'Eka, Sosan dut
s'enfuir et se cacher dans la montagne Kanko. Il
vécut seul, en perpétuelle errance. Sa foi et sa pratique assidue de zazen l'avaient complètement guéri
de sa maladie. Longtemps après, il rencontra celui
qui allait devenir son successeur et le quatrième

Patriarche, Doshin. Au terme d'un enseignement de neuf années, il lui conféra la transmission, le *shiho** et les bols. Le 15 octobre 606, il mourut debout, en *kin hin** sous un arbre. Son unique livre, le *Shin Jin Mei,* est le premier écrit sur l'essence du Zen.

L'essence de l'enseignement transmis de Bodhidharma à Eka était, en substance : « Il est impossible de vouloir obtenir quoi que ce soit. » L'essence de l'enseignement transmis d'Eka à Sosan : « Il est impossible de rejeter quoi que ce soit. » Dans le Zen, il ne faut ni vouloir prendre ni rejeter. On trouve les mêmes principes dans le *Shodoka* : « Dans tout le cosmos, les notions de manque et de reste n'existent pas. »

Maître Keizan a composé ce poème, dédié à Sosan : « L'essence de *ku**[1] (du cosmos) n'a ni notion d'intérieur ni notion d'extérieur. Le crime ni la vertu ne laissent de trace. »

---

1. Prononcez : « kou ».

Signification du titre du recueil

Shin : l'attention, aiguë comme une aiguille d'acupuncture ; le cœur, l'esprit.

Jin : croire, la foi.

En chinois, les deux idéogrammes sont associés.

Shin Jin devient donc : la foi en l'esprit.

Mei : poème, avec une idée de recueil pour le futur, de mémoire pour les siècles à venir.

Shin Jin Mei : recueil de poèmes sur la foi en l'esprit.

Procession dans la neige des moines zen
mendiant leur nourriture.

1

Pénétrer la voie n'est pas difficile,
Mais il ne faut ni amour, ni haine, ni choix, ni rejet.

Ce poème traite du problème du choix de la conscience. Le *satori** se trouve au-delà. Si nous ne nettoyons pas notre esprit, celui-ci ne s'apaisera jamais et tendra vers la folie. Notre vie deviendra dure et compliquée : « Je n'ai pas de chance... Je ne suis pas heureux... Il faut que je devienne riche, beau (ou belle). Je désire de jolis vêtements. Je voudrais un enfant... » Les choix incessants rendent notre vie difficile et complexe. Nous ne devons pas choisir avec notre conscience personnelle. L'étude du Zen, du bouddhisme, par la pratique de la méditation, du zazen, est chose aisée, simple. Dans les livres, elle devient compliquée et difficile.

Le Zen étudie le véritable esprit, l'essence de l'esprit du Christ, du Bouddha* ou de Dieu. Dans le tréfonds de la conscience, dans le vrai silence, existe l'*atman**, selon les Upanishads, ou, selon le bouddhisme, *ku,* existence sans noumène, *nirvana**, satori. Et, en dernier lieu, ce tréfonds de la conscience devient conscience cosmique. *Shinjin* prend alors la signification de foi en la conscience cosmique, c'est-à-dire foi en zazen.

En zazen, on ne trie pas les pensées ; on les laisse passer. C'est là un principe essentiel, tout à fait valable aussi dans la vie quotidienne. Bien sûr, il est nécessaire de faire des choix. Mais, en dernier lieu, il faut aller au-delà des choix.

En zazen, notre esprit réalise pleinement, réellement et véritablement la paix et la sérénité. Cet esprit est la continuation du cosmos comprenant toutes les existences. La véritable Voie, le satori ne sont pas difficiles à réaliser, si nous abandonnons l'esprit de sélection et de choix.

Maître Ju Hun a écrit : « Depuis les temps anciens, jusqu'à nos jours, la Grande Voie n'a pas changé... Cela est : en haut, la tête ; en bas, de chaque côté, les jambes. »

« Les yeux horizontaux, le nez vertical », écrivit Maître Dogen. Être dans la condition normale, telle est la Voie véritable.

Si nous voulons appréhender la compréhension de la vraie Voie, il nous faut aller au-delà de l'histoire et de la civilisation, de la société et du langage, de la science et de la philosophie... Nous devons nous dépouiller de tout. Par l'abandon absolu de toutes choses, nous pouvons devenir *ku*. Ni difficile ni facile, ni intérieure ni extérieure, telle est cette Voie merveilleuse.

Il suffit qu'il n'y ait ni amour ni haine
Pour que la compréhension apparaisse,
Spontanément claire,
Comme la lumière du jour dans une caverne.

Les sentiments d'amour et de haine ne sont nulle-
ment indispensables. Ils compliquent la vie. Rien
n'est véritablement souillé, ni véritablement pur. Si
nous n'éprouvons ni amour ni haine, notre compréhension de la Voie sera tellement claire et pénétrante
qu'elle crèvera les yeux par son évidence. Rien ne
provoque la lumière dans la caverne, lumière naturelle, créée par son ouverture sur le jour. Il en est de
même pour la lumière de la compréhension, sponta-
née, inconsciente et naturelle.

« Ne cherche pas, ne fuis pas, ne sois pas attaché.
Si nous recherchons quelque chose, notre esprit perd
sa pureté », disait Kodo Sawaki*. Les phénomènes
surgissent en multitude dans notre vie quotidienne.
Mais une seule Voie soutenue par une seule et même
concentration doit nous diriger. Couper les dix

mille[1] interdépendances, les dix mille pensées, cela est le satori, zazen. Retour à la condition normale, originelle.

Maître Keizan écrivit ce poème :

« Les mille fleurs roses du pêcher s'épanouissent
    au printemps,
mais sa couleur est une. »

---

1. Innombrables.

3

S'il se crée dans l'esprit une singularité
Aussi infime qu'une particule,
Aussitôt une distance illimitée
Sépare le ciel et la terre.

Une infime erreur de navigation de la part d'un pilote d'avion aura de considérables répercussions sur le trajet. Et, dans le tir, si la trajectoire est déviée, ne serait-ce que d'un fil, l'erreur sera grande à l'arrivée. Il en est de même dans la vie quotidienne ; par exemple, entre l'homme et la femme, le père et le fils, le maître et l'élève, le moindre malentendu peut avoir des répercussions illimitées.

S'il se crée dans notre esprit un écart de l'épaisseur d'un cheveu, d'un grain de poussière, d'un atome, d'une particule élémentaire, aussitôt le ciel et la terre sont séparés par une distance infinie. L'ego ne coïncide plus avec le Soi, ni une montagne avec la montagne. Le ciel n'est plus le ciel. La raison n'est plus la raison. Le cosmos n'est plus le cosmos. Bouddha ne coïncide plus avec Bouddha.

Obtenir le satori n'est pas difficile, mais nous ne devons pas y penser. Cela doit être inconscient, naturel, automatique. Sans choisir car, s'il se crée dans notre esprit une singularité, aussi infime soit-elle, aussitôt le ciel et la terre se séparent. Ou bien, comme disait Maître Kassan : « Le ciel tombe sur la terre, et la terre tremble. »

4

Si nous réalisons le satori ici et maintenant,
Les idées de juste et de faux
Ne doivent plus pénétrer dans notre esprit.

Si nous réalisons la Voie, ici et maintenant, il n'y aura plus place dans notre esprit pour l'idée du juste ni pour celle du faux. Dans la vie, le bonheur devient malheur, le malheur devient bonheur. Si nous obtenons une chose, disait Dogen, nous en perdons une autre ; et, si nous perdons une chose, nous en obtenons une autre.

Dans notre vie quotidienne, nous sommes souvent en opposition, en contradiction avec l'*ici et maintenant*. Mais, pour peu que nous abandonnions les notions de prendre et de rejeter, tout se manifeste devant nous, notre conscience est pacifiée, et notre esprit demeure tranquille, sans dualité, au-delà de la relativité.

Mu Shin : absolument rien dans l'esprit.

*Dans notre conscience, la lutte entre le juste et le faux
Débouche sur la maladie de l'esprit.*

Ne créez pas de différence. Ne suivez pas quoi que ce soit. Ne combattez pas. Ne cherchez ni Dieu ni Bouddha. Ne courez pas après le *dharma** ! Tout cela provoque les maladies de l'esprit.

Les fruits des sentiments d'amour et d'attachement deviennent désir et haine qui se combattent entre eux. C'est une folie ! Telle est la maladie de l'esprit : cette lutte entre les notions de semblable et de différent, de conforme et de non-conforme, de juste et de faux.

Si nous sommes en quête du Bouddha ou du *dharma*, nous ne pourrons trouver la paix véritable. Il nous faut couper les dix mille phénomènes. Ne rien imaginer, mais sans pour cela détruire quoi que ce soit. Ne rien rechercher, même pas la couleur de *ku*. Si nous atteignons cet endroit, le doute et la peur se dissolvent d'eux-mêmes.

« Vous ne devez pas rechercher la vérité.

Vous ne devez pas couper les illusions »,

dit Maître Yoka dans le *Shodoka*.

Comment libérer notre esprit du doute, de la peur et de la souffrance ? Quelle est la solution ?

Maître Eno, le sixième Patriarche, demanda à son disciple Nangaku : « Qu'est-ce que c'est ? »

Et Nangaku de répondre : « Cela, c'est quoi ? »

Eno donna le *shiho* à Nangaku.

Si cette histoire vous paraît un peu courte, en voici une autre, corollaire.

Maître Joshu posa un koan à son disciple : « Qu'est-ce que c'est ? Quelle est la condition de la conscience ? Ni rien, ni pas rien. »

Le disciple répondit : « Je ne suis pas du tout quelque chose. En zazen, je suis dans l'état de rien. Maintenant je suis rien. »

Maître Joshu répondit : « Abandonne l'idée que tu n'es rien, et cesse de te servir de ton cerveau ! »

Si nous ne pouvons pénétrer à la source des choses,
Notre esprit s'épuisera, en vain.

La source des choses est le principe de profondeur ; *gen,* en chinois et en japonais, la source, l'origine. C'est le *gen* de Dogen. Le principe de profondeur ne relève pas de nos cinq sens. C'est un monde au-delà de la conscience. Ce principe originel est un dans le cosmos, c'est cela qui illumine toutes les existences, ici et maintenant. Quelques-uns l'ont réalisé, d'autres non, et ceux-là sont dérangés par leur karma.

Un moine de la secte Amida disait : « Si nous avons la foi en Amida Bouddha, nous irons dans le pays de Sarkabasti. Nous devons le croire. » Mais un homme lui répondit : « Dans ce paradis, on ne peut boire de saké ; or, j'aime le saké et si, là-bas, il n'y a pas de saké ; je ne veux pas y aller. »

Deux chiens, qui sont amis, discutent entre eux. L'un, qui est tout noir, dit à l'autre, qui est tout blanc : « Tu es parfaitement pur et, lors de ta mort, tu pourras renaître dans le monde des humains. »

Mais le chien blanc, mécontent, répondit : « Je ne tiens pas du tout à devenir un homme. Certes, l'état d'homme est supérieur à celui de chien, mais il n'est pas très pratique. Comment ferais-je pipi dehors sur le tronc des arbres ? Je devrais m'habiller, et ma vie serait moins facile. La vie des hommes est trop compliquée. »

Et le chien noir de conclure : « Bien sûr ! Tu as raison. Moi non plus je ne veux pas devenir un humain. »

Chaque existence a son propre karma : les compagnons de bouteille entre eux, les hommes avec les hommes, les femmes avec les femmes, les chats avec les chats, etc. Mais nous devons aller au-delà des catégories et pénétrer à la source des choses. Au-delà du démon et du Bouddha, de l'enfer et du paradis, trouver le principe originel, profondeur infinie.

La voie est ronde, en paix, large comme le vaste
  cosmos, parfaite,
Sans la moindre notion de demeurer ou de rompre.

Comme elle est ronde, aussi n'a-t-elle ni commencement ni fin. Comme elle n'a ni commencement ni fin, aussi est-elle sans limites, infinie. Comme elle est illimitée, aussi n'a-t-elle ni racines ni branches. Sans limite aucune, elle n'est ni étroite ni large, sans notion de mouvement, d'arrêt, d'avant, d'arrière, d'extérieur, ni d'intérieur. Elle est identique, sans discrimination, sans différents visages. Elle est la vacuité.

Quelquefois, elle devient un homme ordinaire, quelquefois un Bouddha. Parfois on l'appelle phénomène, parfois origine.

Partout, à tout instant, rien ne peut être enfoui ni troublé, rien ne peut disparaître. Pourtant, que nous soyons assis, couchés ou debout, en mouvement, sans cesse, dans notre vie, les phénomènes surgissent.

Bâton et chapeau de bambou
pour le voyage du moine zen.

Tout est rond, calme, illimité comme le cosmos. Nous ne demeurons pas, nous ne restons pas dans notre rêve illusoire. Tout est changement incessant. Les montagnes, les rivières, notre globe, l'univers tout entier, toutes les existences ne subissent aucune autre loi.

La lune et son reflet dans la rivière, la personne et son image dans le miroir, les deux ne sont qu'une seule chose, et toutes choses, sans naissance, sans fin, sans vie ni mort. Pendant zazen, sans penser, notre conscience devient infinie.

Mon maître, Kodo Sawaki, respectait profondément Shinran, le fondateur de la branche Amida Butsu, et il racontait cette histoire à son sujet : il y a huit cents ans, l'empereur donna un festin pour les moines, tous célèbres. Des mets délicieux, des poissons très fins leur furent servis. La plupart d'entre eux ôtèrent leur *kesa** pour manger le poisson. Seul Shinran garda le sien. Quelqu'un lui demanda : « Pourquoi gardez-vous votre *kesa* ? Vous êtes le seul. »

Shinran répondit : « Je ne peux m'échapper de mon *kesa*, ce *kesa* est tout pour moi, la vérité universelle, le cosmos, le monde du sans-forme et de la non-posture. Ainsi, tout est semblable, le poisson et les légumes. Quand nous mangeons du poisson, nous devons porter notre *kesa*, ainsi nous aidons les poissons. »

Pourquoi, sur la plupart des statues, le Bouddha est-il représenté avec les cheveux frisés et non avec le crâne rasé, alors qu'il a dit : « Nous devons nous raser la tête et porter le *kesa* » ?

Kodo Sawaki répondait : « Il y a eu l'influence grecque. Mais Bouddha est au-delà des différenciations. Il est le cosmos. Lui-même est illimité. »

En vérité, parce que nous voulons saisir ou
*   rejeter,*
Nous ne sommes pas libres.

Ici encore, comme dans le poème précédent, un rappel de la première phrase. L'essence de la Voie est dépourvue de toute notion de demeurer (saisir) ou de rompre (rejeter). Qu'est-ce que la véritable liberté ?

« Il n'est pas nécessaire de penser au passé, à l'avenir.
Pensez simplement à cet instant du milieu qui est ici et maintenant. »

Ce poème contient la clef de la concentration en zazen, le secret des arts martiaux, comme aussi la méthode du comportement dans la vie quotidienne. Notre pensée est presque toujours désir ou refus, et nous faisons sans arrêt des catégories. Nous fonctionnons en « ismes », comme, par exemple, spiritualisme et matérialisme. Mais le Zen est au-delà du dualisme et des concepts, au-delà même de l'idée d'illumination ou de la notion de satori.

9

Ne courez pas après les phénomènes,
*Ne demeurez pas dans la vacuité (*ku*).*

On retrouve ce poème dans le *Shodoka*. Les religions prônent la recherche de la vérité et la lutte
contre les illusions. Le Zen est sans but. Il est aussi
inutile de courir après les phénomènes que de vouloir les couper. Il est aussi vain de rechercher la
vérité, l'essence, que de s'efforcer d'y demeurer.
L'abandon des illusions doit se faire inconsciemment.

En zazen, nos illusions s'élèvent. Dans la vie quotidienne, elles sont absorbées par la cacophonie
ambiante mais, dans le silence, le calme profond du
dojo*, nous pouvons les percevoir avec beaucoup
d'acuité. Les phénomènes surgissent, il ne faut ni les
poursuivre ni chercher à les supprimer. Et, même si
notre zazen nous semble excellent, si nous nous sen-
tons en extase, nous ne devons pas non plus rester
sur cet état.

Zazen est *mushotoku**, sans but ni esprit de profit.

Au-delà de l'humain, au-delà du bouddhisme, au-delà du Zen. C'est la posture la plus haute de l'évolution humaine, en totale harmonie avec le cosmos.

Baso était en zazen quand son maître Nangaku lui demanda :

« Que fais-tu ?

— Je fais zazen.

— Quelle idée ! Pourquoi fais-tu zazen ?

— Je veux devenir Bouddha. »

Le maître prend alors une tuile d'un toit et se met à la polir. (Au Japon, les tuiles ne sont pas rouges, mais noires.) Alors Baso demande :

« Maître, quelle est votre idée ? Que faites-vous ? Pourquoi polissez-vous cette tuile ?

— Je veux en faire un miroir !

— Comment peut-on faire un miroir d'une tuile ?

— Est-il possible de devenir Bouddha en pratiquant zazen ? »

Mushotoku. Un grand koan. La véritable essence du Zen. L'être humain ne peut devenir Dieu ou Bouddha mais, pratiqué sans but ni esprit de profit, zazen lui-même devient Dieu ou Bouddha.

10

Si notre esprit demeure tranquille
Il s'évanouit spontanément.

Si notre esprit demeure tranquille, dans sa condition normale, il s'évanouit naturellement, spontanément, comme pendant le sommeil. Telle est l'attitude durant le zazen.

Maître Keizan a écrit sur ce verset un célèbre poème :

« Les nuages blancs descendent et s'évanouissent.
Seul, puissant et haut, le sommet de la montagne
   verte domine,
éclipsant les cent monts.
Personne ne peut atteindre ce sommet,
personne ne peut le connaître. »

Personne ne peut atteindre la cime de cette montagne, personne n'y arrive. Et aucun maître n'en donnera jamais la moindre explication dans une conférence.

Toutes les existences sont une.

Nous pouvons étudier, rechercher cet endroit mystérieux. Regarder pendant toute une journée... nous ne verrons pas. Écouter pendant toute une nuit... nous n'entendrons pas. C'est un koan.

L'homme de fer est troublé par le son de la flûte sans trou. Il ne peut percevoir la musique, et pourtant son émotion est profonde. Le sujet et l'objet s'évanouissent. La connaissance et la sagesse s'effacent. Il n'y a plus ni arrangement, ni projet, ni plan. Le vent s'apaise, les vagues de l'océan disparaissent, la mer devient paisible. Les hommes s'en vont au loin et la montagne est baignée de tranquillité.

De nos jours, les gens recherchent l'illumination. Ils s'efforcent d'atteindre une condition psychique particulière. Vouloir obtenir un état spécial mène droit à l'hôpital psychiatrique ! En zazen, notre esprit devient transparent, pur, il retrouve sa condition normale. C'est pourquoi les nuages blancs disparaissent et la grande montagne verte se dresse solitaire.

Si nous arrêtons tout mouvement,
Notre esprit deviendra tranquille,
Et cette tranquillité, par la suite,
Provoquera encore le mouvement.

On veut arrêter le mouvement, devenir calme et, par la suite, le mouvement est encore plus grand. On désire stopper le mal, aller vers le bien, et ce bien se transforme en mal ! On s'efforce d'arrêter ses illusions, de réaliser le satori, et ce satori devient une super-illusion.

Si l'on s'oppose à la mort, si l'on s'accroche à la vie, cette vie devient mort. Si l'on part de la mort pour aller vers la vie, cette mort devient vie véritable. Ni droite ni gauche, ni arrêt ni mouvement, telle est la Voie du milieu.

Satori... Tout le monde parle du satori, et l'école Rinzai y attache une importance particulière. « Pourquoi pratiquez-vous zazen ? Je dois stopper mes illusions, et atteindre le satori. » Mais dans le *Shodoka*, il est écrit : « Il ne faut pas couper les illusions, ni rechercher la vérité. » Dans notre civilisation moderne, tout le monde court, bouge sans cesse, veut aller de plus en plus loin, de plus en plus vite et, une fois arrêté, désire encore le mouvement.

Stopper les deux : mouvement et tranquillité, illusions et satori. Cela est la Voie du milieu. Dans le Rinzai, on trouve ce célèbre koan, sous la forme d'une série de tableaux : une vache désire sortir de la grange. On voit apparaître d'abord la tête, puis les pattes de devant, le corps, les pattes de derrière et la croupe. Mais la porte se referme sur la queue de la vache !

On devient moine, le mouvement est stoppé, les honneurs abandonnés, la famille rejetée et, cependant, on ne peut abandonner la quête du satori !

Chrysanthème sauvage : pureté, netteté,
symbole de l'automne.

12

Si nous demeurons aux deux extrémités,
Comment pouvons-nous en comprendre une ?

Quelles sont ces extrémités ? Les deux pôles de toute dualité : bien et mal, mort et vie, tranquillité et mouvement, essence et phénomène, satori et illusions... Si nous demeurons aux extrémités, nous ne voyons qu'elles, et non le point médian qui les relie, aussi nous paraissent-elles complètement opposées. La Voie du milieu embrasse les contradictions, elle offre une vision globale, elle nous donne la possibilité de faire la synthèse et d'aller au-delà.

Satori et illusions n'existent pas chacun de leur côté... Certains penchent pour le yoga, d'autres sont attirés par le bouddhisme tibétain. Notre époque est ainsi, et je vois beaucoup de personnes faibles errer dans de nombreuses voies, ne pouvant en suivre une seule. Aujourd'hui celle-ci, demain celle-là. Leur esprit change sans cesse, et jamais elles ne pourront atteindre la profondeur, jusqu'à leur mort. Devenir profond dans une Voie, c'est être profond en tout.

Dieu est universel, unique.

Dieu et moi ne sommes pas séparés.

Universel est le tout, inclut tout, et ce tout est inclus dans le moi. Les relations du satori et de l'illusion sont analogues à celles de la condition normale et des effets du saké. Sans les illusions, il ne serait pas nécessaire de revenir à la condition normale. L'illusion appelle le satori, devient satori. Il y a identité, sans dualité.

13

Si l'on ne se concentre pas sur l'originel,
Les mérites des deux extrémités seront perdus.

On ne peut courir deux lièvres à la fois, ni s'asseoir sur deux chaises.

Une histoire nous vient de la Chine ancienne : « Un homme avait une très jolie épouse. Malheureusement, elle avait le nez trop plat, ce qui déparait la beauté de son visage. Le meilleur ami de l'époux lui répétait souvent : "Ta femme est ravissante, dommage que son nez soit si plat !" Un jour en se promenant dans la rue, il aperçut une femme qui avait un très joli nez. Aussitôt, il s'empara de cette femme, lui coupa le nez et le rapporta chez lui. Il trancha également celui de sa femme, et il essaya de lui greffer le nouveau nez. Mais ce n'était pas possible, et il perdit du même coup deux très jolies femmes. »

Certes, la concentration est indispensable dans la vie quotidienne. Mais quel est donc cet originel sur quoi se concentrer ?

Le cosmos, l'ultime vérité, Dieu, Bouddha, *ku*...

Nous devons nous concentrer sur une seule et même identité. Créer des catégories à propos de toutes choses nous en fait perdre les mérites. Seuls les gens bornés séparent Dieu et Bouddha. Se concentrer sur l'origine, cela est la foi.

Si nous acceptons seulement une existence,
Nous tombons dans cette seule existence.
Si nous suivons le ku,
Nous sommes alors contre le ku.

À l'époque moderne, la philosophie occidentale a abordé le problème de la vie, de l'être, en termes d'existence. La philosophie bouddhiste tradition-nelle, de son côté, a centré ses développements sur la notion de *ku* – vide, vacuité. Mais il serait complè-tement erroné d'opérer une dualité entre l'existence et *ku*. Car, comme dit le *sutra* Hannya Shingyo** ou « Chant de la Grande Sagesse », qui représente le cœur de la tradition *Mahayana** : *Shiki* soku ze ku, ku soku ze shiki,* l'existence (les phénomènes, *shiki*) devient essence (le vide, *ku*), et l'essence, existence. La forme, vide, et le vide, forme. Bien plus, la forme n'est autre que le vide et le vide n'est autre que la forme. L'existence est *ku* et *ku* est l'existence.

Dans la vie, parfois, il faut parler. Lorsque nous devons parler, nous parlons. Lorsque nous devons penser, nous pensons. Mais parole et pensée sont limitées, relatives, tandis que la vérité est illimitée, absolue. La parole trouve sa justesse au cœur du silence, et la pensée, lorsqu'elle surgit du tréfonds de la non-pensée.

En zazen, notre esprit n'est pas un élément stable. La conscience ne demeure pas. Elle est changeante, comme le courant de la rivière. Jamais identique, mais continuant sans fin. Nous sommes tous distincts les uns des autres. Si, avec une caméra, nous pouvions filmer notre esprit, maintenant, la projection serait très intéressante et très diverse.

L'acteur n'est pas le même sur la scène et dans les coulisses. À la fin de la représentation, lorsqu'il passe derrière le décor, tout disparaît comme dans un rêve. Tragique ou comique, le théâtre humain se termine toujours par un baisser de rideau. Lorsque nous arrivons au cercueil, rien ne paraît tellement important.

« Le vent souffle, s'apaise, cesse.
Les oiseaux chantent.
Dans la vallée de la montagne profonde,
Une fleur tombe.
Plus paisible encore est la montagne. »

Maître Keizan

15-16

Même si nos paroles sont justes,
Même si nos pensées sont exactes,
Cela n'est pas conforme à la vérité.

L'abandon du langage et de la pensée
Nous mènera au-delà de tout lieu.
Si l'on ne peut abandonner le langage et la pensée,
Comment résoudre la Voie ?

« Nous ne devons ni chercher dans les livres et les conférences, ni être de ceux qui comptent les grains de sable de la plage, ni pourchasser l'ombre du savoir, cherchant à la saisir », écrit Maître Keizan dans ses commentaires.

L'essence de l'originel est nue, pure, sans différence. Jour après jour, le silence continue, brillant partout.

« Silencieuse est la fleur
En ce début d'avril.

Rose est la couleur de ce printemps.
Sans pensée, la musique du vent,
Dans les pins,
Joue sa très belle mélodie. »

Le secret du zazen se trouve dans la concentration
sur la posture, la respiration, et l'attitude de l'esprit.
Il s'agit de penser du tréfonds de la non-pensée, sans
penser. Dogen l'a écrit, je le dis à sa suite : *hishiryo**
est le secret de l'attitude de l'esprit en zazen.
Les paroles prennent fin, la pensée s'épuise, la
conscience disparaît...

Vous devez construire un monastère dans votre
esprit – et point ailleurs ! Si vous comprenez cela,
il n'est pas nécessaire de construire en France des
monastères vides, et de devenir des moines pares-
seux et endormis.

Après zazen, vous pourrez trouver le bonheur
véritable. Vous devez vous lever, sortir de la paresse
et du sommeil, et rencontrer des difficultés ! La joie
authentique vient après l'effort.

Nous vivons une grande et profonde crise dans
notre civilisation. Celle-ci est plus dangereuse que la
bombe atomique elle-même, car *les hommes
oublient d'être hommes*. Les oiseaux, les animaux
sauvages sont plus heureux que la jeunesse actuelle,
car ils connaissent le prix et les fruits de l'effort.
Leur vie n'est pas si facile, mais elle est heureuse.

Si nous retournons à la racine originelle,
Nous touchons l'essence.
Si nous suivons les reflets,
Nous perdons l'originel.

Dans le *Shodoka,* on trouve le verset suivant :

« Ce qui est la marque du Bouddha,
C'est de couper directement les racines.
Je ne puis ni ne dois amasser les feuilles,
Ni chercher les branches. »

La conscience en zazen est différente de celle que nous avons au café ou au lit. « Si nous retournons à la racine originelle. » Que veut dire cette phrase ? Il n'y a pas de racines ni de lieux où retourner. La racine originelle, la fondation, la source, n'est pas relative aux branches ni aux feuilles. Elle inclut chaque élément, et le fonde absolument, sans relativité ni dualité.

Certaines personnes cherchent des vers de terre,

elles les coupent en deux et se demandent ensuite dans quelle partie se trouve l'esprit, la nature de Bouddha. Nous ne devons pas penser de façon dualiste, ni décider hâtivement, de manière simpliste, à l'aide de simples catégories limitées. Les phénomènes sont nombreux, divers et compliqués. On ne peut les enfermer dans des catégories. Nous ne devons pas en voir seulement la surface, l'éclat. La lumière qui illumine ne brille pas.

Nombreux sont ceux qui courent après les reflets dans le miroir. Qu'est-ce que l'illumination ? Un contact psychologique, une vue subjective, un reflet, les feuillages, mais certainement pas la racine du bouddhisme. Il n'est pas nécessaire de vouloir obtenir le satori. Chaque phénomène se reflète dans le miroir de zazen. Et les phénomènes deviennent satori, car zazen, lui-même, est *ku*.

Si nous sommes illuminés en toutes directions,
Ne serait-ce qu'un seul instant,
Cela est supérieur au ku *ordinaire.*

Si nous ne regardons pas en nous-mêmes, si nous ne voyons pas notre esprit, tous les discours sur le bouddhisme sont sans efficacité. La problématique bouddhique est simplement le retour à l'esprit originel, sans langage.

Maître Dogen a écrit, dans son commentaire du *Hannya Shingyo* : « Si les phénomènes en eux-mêmes sont *ku* et, inversement, ce que nous appelons *shiki* (les phénomènes) inclut *ku*, et vice versa. » Ainsi, le satori, *ku*, inclut-il toutes choses et, à l'inverse, les illusions sont-elles porteuses du satori. La philosophie bouddhiste distingue plus de vingt espèces de *ku*, parmi lesquelles le « *ku* ordinaire », limité, qui dépend des conceptions changeantes créées par notre conscience personnelle.

Yakusan pratiquait zazen seul dans le dojo ; son

maître, Sekito, entra, et lui demanda : « Que fais-tu ? » Il répondit : « Je suis en train de "faire rien".

— Alors, pourquoi es-tu assis ? demanda le Maître. Oui, je comprends, tu es en train de "ne rien faire". Eh bien, alors pourquoi "ne fais-tu rien" ? Toi, Yakusan, tu dis "je ne fais rien". Mais qu'est-ce que faire quelque chose, qu'est-ce que ne rien faire ? »

Yakusan répondit : « Même dix mille sages ne peuvent le comprendre, Maître. Et le Bouddha non plus. »

Alors, le Maître remit le *shiho* à son disciple.

Le changement du ku *ordinaire*
Dépend de la naissance des illusions.

En zazen, nous devons ouvrir notre conscience, entrer en contact avec la conscience illimitée. Cette ouverture doit se faire naturellement, sans que nous la cherchions. Il nous faut aller à la racine, et non pas rechercher les feuilles. La compréhension « au-delà » ne passe pas par le cerveau frontal. Notre vie n'est que phénomènes, tel un rêve, une goutte de rosée, un éclair, une ombre... Cela, nous pouvons le comprendre inconsciemment, automatiquement, par la pratique de la méditation dans la posture du Bouddha.

Dans le *Shobogenzo**, volume du *Bendowa**, de Maître Dogen, on trouve ces mots :

« Si nous rejetons, oublions le corps et l'esprit,
Nous pourrons pénétrer dans la maison du
    Bouddha.

L'action surgira du corps du Bouddha,
et nous n'aurons qu'à la suivre. »

Ici et maintenant, jour après jour, notre karma change, par la pratique de zazen. Si nous suivons avec foi et respect l'enseignement du Maître, si nous comprenons l'essence de l'enseignement du Bouddha, nous nous harmonisons alors avec le cosmos, et notre karma s'évanouit.

Si nous comprenons nos doutes, nos souffrances, notre vie, du tréfonds de notre esprit, avec toutes les cellules de notre corps, cela est satori.

« Il n'est pas nécessaire d'utiliser la force.
Il n'est pas nécessaire de bouger l'esprit. »

Inconsciemment, naturellement, automatiquement, nous serons aidés dans nos souffrances de la vie et de la mort, nous pourrons réaliser l'état de Bouddha.

Ne cherchez pas la vérité,
Seulement n'ayez pas de préjugés.

Comprendre ici et maintenant et, jusqu'à la mort, pratiquer zazen. Alors, en fusion avec le système cosmique, notre corps réalise la sagesse. L'ego*, la conscience personnelle sécrètent les illusions, reflets passagers, ombres voilant le clair miroir. Même la vérité devient illusion si elle est utilisée par l'ego à ses propres fins. Il nous faut donc abandonner notre conscience personnelle faite d'idées préconçues. À toute question, un certain maître répondait sans cesse : « *Maku mozo.* » (Ne créez pas d'illusions.)

En zazen, nous recevons, nous expérimentons la vérité cosmique, avec son énergie et son activité. Si nous abandonnons nos formations mentales, nos préjugés, nous pouvons fusionner avec l'activité du cosmos.

Ne cherchez pas à utiliser la vérité.
Seulement n'ayez pas d'opinions.

Ne demeurez pas dans les deux préjugés,
Ne recherchez pas le dualisme.

La pensée orientale, et en particulier zen, repose
sur la notion de l'harmonie de l'ego avec toutes les
existences, avec tout le cosmos. Pratiquer zazen est
devenir Bouddha. Bouddha et l'ego ne sont plus
séparés. Et Bouddha signifie l'humanité tout entière.

Qu'est-ce que la vérité universelle ?

Le mot japonais *ku*, qui correspond au sanscrit
sunyata, est porteur de deux sens :

le ciel, le cosmos ;

la vacuité, le vide.

Dans la langue japonaise, les sens de *ku* sont très
nombreux. Par exemple, dans *karaté, kara* est *ku* ;
c'est le même idéogramme : « sans rien ». « Sans
armes. » « Seulement les mains. » Les mains deviennent les armes. Le karaté est à l'origine un enseignement que Bodhidharma donnait à ses disciples.
Karaté signifie « ouvrir les mains ». Fermée, la main
ne peut rien recevoir ; ouverte, elle peut tout obtenir.

La force du cosmos est illimitée, infinie, éternelle.
Si l'être humain abandonne son ego, il retourne *ici* et
maintenant à l'activité cosmique, devient l'énergie.

À l'époque du Bouddha, un couple royal ne pouvait avoir d'enfants. Ils en désiraient violemment un,
et s'en furent consulter un devin, qui leur dit :
« Vous ne possédez pas la semence vous permettant
d'avoir un enfant, un ermite vivant dans la montagne
l'a en sa possession. Ce vieux sage pratique zazen
dans son petit ermitage. Au moment de sa mort, sa
semence rejoindra l'utérus de votre femme. » Le
couple par la suite ne pensa plus qu'à la mort de
cet ermite, et décida même de le faire assassiner.
Quelques suivants du roi allèrent dans la montagne
et tuèrent le vieil homme. Très vite, après sa mort,
le ventre de la femme se mit à enfler. Anxieux, le
roi retourna voir le devin. « Ma femme a l'air d'être
enceinte. Mais quel enfant va-t-elle mettre au
monde ? »

Le devin lui répondit : « Vous avez commis une
très grave faute. Ce vieil ermite n'avait que peu de
temps à vivre. Mais vous l'avez assassiné, aussi son
fantôme a-t-il pénétré dans l'utérus de votre femme.
L'enfant qui va naître sera un démon. » Le couple
vivait dans l'anxiété. Après une gestation de neuf
mois, le bébé naquit. La femme accoucha au-dessus
d'un sabre, mais l'enfant ne fut pas tué... Seul un
bout d'orteil fut tranché. C'était un mignon bébé qui
devint un très beau prince, du nom d'Ajase.

À cette époque, un grand ennemi du Bouddha,
Devadatta, dérangeait sans cesse sa mission. Il était
fort, ambitieux et, sous son influence, les disciples
du Bouddha se retournaient contre leur maître. Un

jour, il vint trouver le prince Ajase et lui proposa de tuer son père, moyennant finances. Le prince répondit à Devadatta : « Tu n'es qu'un insensé ! Je ne peux pas assassiner mon père !

— Prince, vous êtes trop honnête, regardez donc votre pied droit, il y manque un orteil ! » Le prince avait souffert de cette infirmité, et Devadatta lui en fournit l'explication. « Avant votre naissance actuelle, vous étiez un ermite vivant dans un endroit isolé, dans la montagne profonde. Sur l'ordre du roi, votre père, deux hommes vous assassinèrent. »

Le prince fut très surpris et, immédiatement, fit jeter son père au cachot, sans aucune nourriture.

Après trois mois, il se rendit à la prison, pensant trouver son père mort de faim. Mais le roi se portait comme un charme... Pourtant, l'aide qu'il avait reçue n'avait rien de mystérieux ni de miraculeux.

« Pourquoi est-il dans cet état ? demanda le prince au gardien.

— Sakyamuni* lui a rendu visite, répondit le gardien, et a pacifié son esprit. La reine, également, vient le voir chaque jour, le visage maquillé de miel et de beurre, et les poches emplies de lait. Le roi embrasse le visage de la reine, il boit le lait, et cette nourriture suffit à le maintenir en vie. »

Furieux, le prince emprisonna également sa mère, et décida l'exécution de ses parents. Mais le Bouddha, une fois de plus, apporta son aide au couple royal, en lui faisant découvrir le paradis. Et, sur son conseil, l'exécution fut annulée.

Le Bouddha dit en effet au prince : « Si tu commets le meurtre de tes parents, tu descendras directement dans les tréfonds du monde infernal. » À ce moment précis, le prince réalisa l'éveil, il devint moine, et fut un grand disciple du Bouddha.

Nous aussi avons nos démons.

Le satori n'est pas un état spécial, une conscience transcendantale, c'est le retour aux conditions originelles, normales. Dans un voyage aérien, on s'élève au-dessus de la couche de nuages pluvieux. Le soleil brille dans le ciel immaculé. La vérité, de même, est sans artifice, au-delà des phénomènes.

22

S'il nous reste un tant soit peu de notion de juste
  ou de faux,
Notre esprit sombre dans la confusion.

Le monde de la transmigration* n'est pas seulement le monde d'après la mort, c'est aussi, dans la vie quotidienne, celui d'un être insatisfait, ne pouvant rester en place, allant de chaise en chaise, de partenaire en partenaire, de nourriture en nourriture. Or, il ne faut pas trop choisir, décider de ce qui est bien ou mal, le bien peut devenir un mal, et le mal un bien. Et l'excès de choix débouche sur la folie et l'enfer.

La plus minime notion de bien et de mal, de juste et de faux, et notre esprit se perd dans la confusion. La sélection entrave l'entrée dans la Voie et perturbe la réalisation du satori. Le temps n'est ni bon ni mauvais, mais le bien et le mal en dépendent.

Comme la grande montagne, simplement accueillir pluies, neiges et glaces. Et devenir, changeante, sans forme, une source d'eau vive.

Un sutra relate un *mondo** entre Sariputra et l'un
de ses disciples. Ce dernier regardait les os d'un
crâne en décomposition dans un cimetière. Des vers
et des larves grouillaient dans les orifices. Le disciple contemplait ce crâne, et demanda à son maître :
« Qu'est-ce que cela ? C'est horrible à voir ! »

Sariputra lui répondit : « Ces os, que tu vois,
étaient la tête et le visage d'une très jolie femme.
Jusqu'à sa mort, elle ne fut concentrée que sur sa
beauté et eut un grand nombre d'amants. Même
après sa mort, elle resta attachée à sa beauté, sa
conscience continuait, et elle n'avait de désir que
pour un homme très riche. Son mauvais karma la fit
larves grouillantes dans un cadavre pourrissant ! »

Mon maître Kodo Sawaki disait : « Peut-être après
ma mort serai-je attaché au zazen... Cela est préféra-
ble à l'état d'asticot ! » Il avait aussi coutume de
dire : « Personnellement, je ne choisis pas. Kimono
long, court, rien n'est totalement mauvais... Je choisis une seule chose : mon *zafu**. Le zafu doit être
exactement adapté à notre posture, à notre corps. »
Il disait également : « Je fais ce que je dois faire, et
non ce que je ne dois pas faire. Je vais là où je dois
aller, je ne vais pas là où je ne dois pas aller. »

Le deux dépend de l'un,
Ne vous attachez pas à l'un.

Le phénomène dépend de l'essence, mais ne vous attachez pas même à l'essence. La philosophie zen est non dualiste, mais elle est également non moniste.

Dans le Japon ancien, un célèbre maître Rinzai du nom de Takuan donna un koan au grand samouraï Miyamoto Musashi :

« Ne reste pas debout. Ne t'en vas pas,
ne reviens pas, ne demeure pas.
Ne te couche pas, ne te lève pas.
Même si tu sais.
Même si tu ne sais pas. »

Ce difficile koan est le secret du kendo ou Voie du Sabre.

Passant sur un pont, Maître Tozan regarda l'eau couler et composa ce poème :

« Maintenant je vais seul,
mais je peux le rencontrer partout ;
il est maintenant certainement moi,
mais je ne suis pas lui.
Aussi, quand je rencontre quoi que ce soit,
je peux obtenir la liberté véritable. »

Il développa cette inspiration en composant l'*Hokyo Zan Mai*, ou « Samadhi du Miroir du Trésor », l'un des textes qui forment le patrimoine du Soto Zen. On retrouve son intuition originaire dans le dixième poème :

« Comme en vous contemplant dans un miroir,
Le reflet est vous, mais vous n'êtes pas le reflet. »

Mon maître Kodo Sawaki disait toujours : « Le mouvement et l'arrêt, l'existence et la non-existence, le juste et le faux, le satori et l'illusion ne sont pas séparés. Parfois, ils peuvent l'être. Mais "seulement l'illumination" n'existe pas. »

Dans ses *Essais sur le bouddhisme Zen*, D.T. Suzuki a commis l'erreur de confondre illumination et satori. En fait, le satori n'est pas un état spécial, mais un retour aux conditions normales.

Orphelin alors qu'il était petit enfant, Kodo Sawaki fut recueilli par son oncle, qui l'envoya travailler dans une maison de geishas. Un jour, au deuxième étage de cette maison, dans la chambre d'une geisha, un vieil homme mourut d'une crise cardiaque pendant l'acte sexuel. Dès que la nouvelle de sa mort fut connue, toute la famille accourut, et se répandit en pleurs et en lamentations. Kodo Sawaki, alors âgé de sept ans, regardait entre les jambes des adultes ce qui se passait. Il vit le mort, sa famille... À ce moment précis, il eut le satori. Et il prit la décision de devenir moine.

24

Si un esprit ne se manifeste pas,
Les phénomènes seront sans erreur.

On peut en faire l'expérience pendant le zazen. Si notre esprit bouge, se manifeste, les illusions s'élèvent.

Le système cosmique dirige notre vie. De nos jours, on pense beaucoup trop avec la conscience personnelle. On se complique la vie. Voyez les fleurs et les oiseaux des champs, nous pouvons être comme eux, heureux et libres ! Je répète toujours : « Inconsciemment, naturellement, automatiquement. »

À la différence du savoir, qui procède par mémorisation éphémère, la parole du Maître zen, par sa répétition même, pénètre profondément le corps et l'esprit des disciples. Comme la goutte d'eau sur le rocher...

Pas d'erreur,
Pas de dharma,
Pas de dharma,
Pas d'esprit.

Si l'erreur n'existe pas, le *dharma* n'est pas nécessaire. Et si rien ne se manifeste, il n'y a pas d'esprit. La loi n'est nécessaire que dans le cas d'erreur. La formulation de l'ordre de l'univers n'est nécessaire que si les hommes s'en écartent. La conscience personnelle est interdépendante du système cosmique. La nécessité du *dharma* découle de cette interdépendance.

Si nous abandonnons notre ego, nous nous harmonisons avec l'ordre universel et le cosmos nous vient en aide. Un fort ego : les doutes vont à l'encontre de cet ordre et deviennent source de complications. La crise de la civilisation est liée à une telle attitude. Je suis convaincu que la pratique de zazen est actuellement une nécessité absolue. Je le ressens profondément, réellement.

Le sujet s'évanouit en suivant l'objet.

Le sujet s'évanouit en suivant l'objet,
L'objet sombre en suivant le sujet.

Le moi s'évanouit en suivant le cosmos, le cosmos sombre en suivant le moi. En nous concentrant sur notre posture et notre respiration, nous pouvons abandonner notre conscience personnelle. Cet abandon nous harmonise avec l'ordre cosmique. Ainsi l'harmonie de l'ego et du cosmos se réalise-t-elle en dehors de la volonté consciente.

Un zazen personnel restera inefficace, jusqu'à notre mort. Un zazen cosmique peut être appelé satori-zazen, bouddha-zazen...

Maître Dogen a écrit dans le *Shobogenzo,* ou « Trésor de l'œil de la vraie loi » : « Lorsque nous abandonnons notre propre corps et notre conscience personnelle, nous pénétrons dans la maison de Bouddha, et ceci sans mettre notre volonté en œuvre, sans utiliser notre conscience propre. En cet instant, la vie et la mort sont abandonnées, et nous réalisons l'état de Bouddha. »

Devenir Bouddha n'est pas difficile... Une seule méthode, directe : l'harmonie avec le système cosmique. Briser, en la rejetant, notre conscience originelle, faire éclater la source de notre conscience personnelle et réaliser l'état de conscience *hishiryo*.

27-28-29

L'objet peut être réalisé en tant que véritable objet
Par la dépendance avec le sujet,
Le sujet peut être réalisé en tant que véritable sujet
Par la dépendance avec l'objet.

Si vous désirez comprendre le sujet et l'objet,
Finalement vous devez réaliser que les deux sont ku.

Un ku *identique à l'un et l'autre*
Inclut tous les phénomènes.

Le sujet, *no,* a le sens d'ego, de soi, de conscience personnelle. L'objet, *kyo,* se réfère au milieu, aux autres existences, au cosmos. Les partenaires *(kyo)* des yeux en action *(no)* sont les couleurs, les formes, le mouvement, la totalité du monde visible. Les partenaires des oreilles en action sont les voix, les sons, l'ensemble du monde audible. Les partenaires de la langue sont les saveurs : doux, amer, simple, subtil, salé, etc. Le partenaire du nez en action est le monde illimité des odeurs et des parfums. Les partenaires du corps sont des sensations du toucher : rugueux, lisse, dur, souple, etc. Le partenaire de la conscience est *Ho,* le *dharma* et, aussi, le milieu, le cosmos entier. *No* et *kyo,* sujet et objet, sont donc complètement interdépendants, l'un ne peut être réalisé en tant que tel que par sa relation même avec l'autre.

Le Sutra de la Grande Sagesse, ou *Hannya Shingyo,* met en relief cette interdépendance : « (Dans *ku*) il n'y a ni yeux, ni oreilles, ni nez, ni langue, ni corps, ni conscience, ni couleur, ni son, ni odeur, ni goût, ni toucher, ni objet de pensée[1]. » Reliés entre eux par de profondes et subtiles relations, les six sens sont en interdépendance avec le milieu, sans séparation, ni concept de dualité, chaque élément variant selon sa position dans l'espace-temps. L'objet réalise son état d'objet par le sujet, et le sujet réalise profondément son état de sujet par l'objet.

Dans nos commentaires de l'*Hokyo Zan Mai,* nous avons exposé le système des *Go I* ou Cinq Principes, clef logique pour comprendre l'essence du Zen. Ces principes articulent deux termes en cinq étapes. Soit *hen* le premier terme : les phénomènes, la notion d'oblique ou de différence ; et *sho* le second terme : l'essence, la notion de droit ou d'égalité. Selon la présentation de Maître Sosan, on a successivement :

---

1. *Mu* (il n'y a pas) *gen ni bi ze shin i ; mu shiki sho ko mi soku ho.*

hen chu sho	◐	*hen* entre dans *sho*
sho chu hen	◑	*sho* entre dans *hen*
sho chu rai	◉	*sho* est *sho*
hen chu rai	◓	*hen* est *hen*
ken chu toh	●	*hen* et *sho* s'interpénètrent

Non seulement le sujet et l'objet sont interdépendants, mais ils s'interpénètrent totalement. Le sujet se réalise véritablement en disparaissant dans l'objet, et l'objet, en sombrant dans le sujet. L'un authentifie l'autre, les deux font un, et cet un n'est autre que *ku*.

Un moine réalisa le satori en voyant une fleur de pêcher, un autre en entendant un caillou tinter contre un bambou. Sotoba, grand poète et calligraphe chinois, pratiquait zazen tous les jours. En écoutant le bruit de la vallée, il réalisa le satori, et composa, sous forme de koan, ce poème :

« Le son de la vallée
est une grande conférence.
La couleur de la montagne
est le corps pur sans souillure. »

Pourquoi, dans le Soto Zen, les pratiquants sont-ils face au mur ? Pourquoi le Bouddha ne voit-il que des dos ?

Le mur signifie : rien, la blancheur, le non-objet, le sans-but.

« L'arbre majestueux et puissant
est semblable au grand homme mort. »

Maître Keizan

Le sage est semblable à un grand homme mort. Toutes les existences et l'ego ne sont pas distincts.

« Il ne sert à rien de vouloir faire preuve de particularisme », disait Dogen. Le sage réalise tous les phénomènes par son corps.

« Un petit ermitage dans la montagne profonde,
Personne ne s'y rend jamais.
Longue est la route y menant.
Un long chemin... un pin solitaire... en zazen. »

L'extérieur paraît stupide, mais l'intérieur est sagesse. Nous devons atteindre ce lieu profond, écarté et distant. Inconsciemment, naturellement, automatiquement...

Sekito demanda à son Maître Seigen :

« Quel est le secret du bouddhisme ? »

Le Maître répondit : « Il est impossible à obtenir et à comprendre.

— Pouvez-vous me l'expliquer en d'autres termes ? » reprit le disciple. Et Seigen répondit : « Le vaste ciel n'est pas dérangé par le vol des nuages blancs. »

Ne discriminez pas entre le subtil et le grossier,
Il n'y a aucun parti à prendre.

L'homme recherche ce qui est bon pour lui, quitte, parfois, à déranger autrui. Chacun d'entre nous choisit, sélectionne, discrimine. On aime la beauté, la richesse, la délicatesse. Mais le système cosmique inclut tout. Le soleil brille pour tout l'univers. Aussi devons-nous avoir la compréhension profonde de toute chose, et pratiquer la compassion universelle.

La voie du Zen est paisible. On ne court pas après quoi que ce soit. On ne s'échappe ni ne demeure. Sans but, nous ne devons pas choisir, par exemple, notre vêtement ni notre nourriture. Éviter les questions : « Que dois-je mettre ? », « Que dois-je manger ? » Certes, le riz complet est un excellent aliment mais, s'il n'y en a pas, nous mangerons du pain. Il nous faut accepter ce qu'on nous offre. Suivre la vie cosmique...

Kodo Sawaki a écrit dans ses commentaires : « Certains me disent de manger du riz complet, mais lorsque je suis en visite dans un temple, je dois également prendre le bol de riz blanc qui m'est offert et, jusqu'à ce jour, ma santé est excellente. Mais si je dois mourir, eh bien ! je meurs... »

Mal comprise, la macrobiotique* suscite un comportement égoïste. La sélection venant de l'ego ne crée pas un bon karma. Le choix doit être sans but, altruiste. *Mushotoku, hishiryo* sont le non-choix inconscient, naturel.

Keizan écrit dans son commentaire : « Ce poème est la rencontre de l'hôte et du visiteur. » Il est difficile d'entrer dans un temple zen. Le visiteur doit avoir une conversation avec le Maître qui, parfois, répond à son salut : « Le vent pur nettoie la lune sans tache. » Ce vent ne choisit pas du tout entre le subtil et le grossier. Personnellement, je mets souvent sur les calligraphies :

« Le vent pur, la lune emplie de beauté,
personne ne peut les peindre. »

Véritable beauté, pureté immaculée, c'est là un lieu dépourvu de tout égoïsme, de notion de but, ou d'idée de profit.

« Le vent pur nettoie la lune sans tache,
le torrent courant le long des fleurs
ceinture les hanches de la montagne. »

31

La substance de la Grande Voie est généreuse,
Elle n'est ni difficile ni facile.

Généreuse signifie ici : universelle, cosmique. La
Voie du zazen n'est pas fixée en un lieu, elle existe
dans tout le cosmos. La Grande Voie et la liberté
véritable n'ont pas de porte. Le *Tathagata**, ou le
système cosmique, est cette liberté naturelle et
inconsciente.

Do, la Voie, n'est pas étroite. Indéfinissable par
des catégories, nous en parlons, parfois de façon
détournée, et parfois directe, sans pouvoir l'expliquer entièrement. On me demande souvent de dire
en peu de mots ce qu'est le Zen. Mais on ne peut le
formuler en un seul mot. La Voie est partout sous
nos pieds !

Les goûts, les désirs, les pensées n'ont aucune
fixité, aucune stabilité. « Lorsque j'étais jeune, disait
Kodo Sawaki, j'aimais beaucoup les patates douces,
et j'en mangeais très souvent. Maintenant que je suis
âgé, croyant me faire plaisir, les cuisiniers des

La Grande Voie est généreuse.
Aussi n'est-elle ni difficile ni facile.

temples que je visite m'offrent encore et toujours des patates douces. Aussi, pendant zazen, je n'arrête pas de péter ! »

La Porte sans porte[1], ouvrage Rinzai très connu, contient quarante-huit koans. Pour devenir un maître, le moine Rinzai doit tous les comprendre. Mais personne ne peut passer la dernière porte ; au-delà de l'imitation, elle est pure création. Nous sommes tous différents, à chacun de créer sa Voie. Mais la source est une : zazen, la condition normale, originelle, de l'esprit.

---

1. *La Porte sans porte,* in *Le Zen en chair et en os*, de Paul Reps, Albin Michel, coll. « Espaces libres », 1993.

32

Les personnes ayant l'esprit fort
Tombent dans le doute.

« Zazen n'est pas tellement utile, et puis ce n'est pas du gâteau... Le yoga c'est mieux... La psychologie présente bien des avantages... » L'esprit erre, doute, ne pouvant s'établir. On veut aller vite, comprendre facilement et, en fait, on n'avance pas.

Si nous partons avec un esprit étroit, l'étude approfondie du *dharma*, l'observance des préceptes moraux et une pratique régulière du zazen ne se révéleront pas du tout efficaces. Si nous pratiquons zazen pour nous-mêmes, cette pratique est complètement inutile.

« Pourquoi vouloir jeter son *zafu* et désirer voyager dans d'autres pays ? » écrivit Maître Dogen. Les personnalités étroites recherchent toujours une voie facile. Si une exigence se présente, elles se détournent. Il n'est pas si aisé de se lever tôt le matin dans la nuit froide, pour aller au dojo ! « Celui qui aspire à comprendre le Zen ne doit rien espérer de facile », disait aussi Dogen. Dans les temples chinois, au-dessus de la porte d'entrée, était apposée la calligraphie : *Buppo mugen* – le bouddhisme est illimité, infini, éternel.

Il nous faut persévérer dans la pratique, pas seulement celle du zazen, mais aussi la pratique de la vie quotidienne – *Gyo*, en chinois et en japonais. Pas besoin de mortifications, de pénitences, d'austérités ; mais des gestes justes, un comportement exact, dépourvu de notion de but et d'idée de profit, en unité, en fusion avec le système cosmique. Tout devient *Gyo* : se lever, se doucher, prendre le métro ou conduire une voiture, lire un livre... La vie quotidienne doit être une totale attention portée à chaque action, dans la plénitude de l'instant. La concentration dans l'existence de tous les jours, *Gyo*, la pratique éternelle, infinie, la continuité du véritable zazen, telle est l'authentique essence du bouddhisme, transmise par le Bouddha et les maîtres.

Petit oiseau
sur une pierre recouverte de mousse.

Si nous adhérons à l'esprit mesquin,
Perdant toute mesure,
Nous basculons dans la voie de l'erreur.

L'esprit mesquin est tiraillé par le dualisme. Jamais satisfait, assis entre deux chaises, toujours à la recherche de quelque profit, il se fourvoie et tombe dans des impasses. Il est alors saisi par l'anxiété, l'incertitude, l'épuisement.

L'éducation de Maître Unmon consistait en de vigoureux coups de bâton ; celle de Maître Joshu était facile et douce. Lorsqu'un disciple lui demandait : « Je vous en prie, Maître, enseignez-moi le Zen », Maître Joshu répondait : « As-tu pris ton déjeuner ?

— Oui ! Maître, disait le disciple.

— Alors, lave ton bol. »

Une autre fois, un disciple s'adressa à lui en ces termes : « Quelle est la signification de la venue de Bodhidharma en Chine ? » Grande question !

Maître Joshu répondit simplement : « Ah ! le pin dans le jardin... »

La Grande Voie se trouve devant notre regard, mais nous ne pouvons la voir, car elle est invisible.

Maître Kyogen eut le satori au bruit d'un caillou cognant un bambou ; Maître Reiun, en voyant tomber un pétale de fleur de pêcher ; Maître Kassan en entendant chanter un coq ; et Sakyamuni, après quarante-neuf jours de zazen, en contemplant l'étoile du matin. Ils ont trouvé et compris la Voie illimitée, éternelle, infinie – la Grande Voie généreuse, ni facile ni difficile.

Zazen donne la mesure de la condition de l'être. Si le corps est en mauvais état, zazen sera douloureux et l'esprit rencontrera des difficultés. Mais la douleur, la difficulté nous font progresser, et les conditions du corps et de l'esprit se modifient. L'extase est le fait d'un zazen inauthentique, et la facilité est l'indice d'un manque de profondeur. Maître Dogen recommande de garder l'esprit du début, de notre première méditation en zazen.

Si nous l'exprimons librement, nous sommes naturels.
Dans notre corps, il n'y a aucun lieu où aller et
*   demeurer.*

« Si nous l'exprimons librement » : il s'agit de l'esprit mesquin de l'ego. Étudier le bouddhisme, c'est étudier l'ego ; étudier l'ego, c'est l'oublier. Quel est le sens de cet oubli de l'ego ? Être certifié par toutes les existences du cosmos.

Quatre moines, dans un ermitage de montagne, faisaient une *sesshin** qui devait être absolument silencieuse.

Pendant un zazen, les bougies s'éteignirent, plongeant le dojo dans l'obscurité.

L'un des moines dit : « La bougie est éteinte. » Le deuxième fit cette réflexion : « Vous ne devez pas parler. » « Oui, ajouta le troisième, c'est une *sesshin* de silence absolu, vous avez tous deux commis une faute, car vous ne suivez pas la règle. » Et le quatrième conclut : « C'est juste. Je suis le seul à n'avoir rien dit ! »

Un autre exemple. Je buvais du thé avec une de mes disciples, et lui en ai offert avant de remplir ma tasse. Cette personne me dit : « Merci, *Sensei** ! vous êtes très gentil ! » Je lui ai répondu : « Je désire boire du thé fort. » Si j'avais dit « Oui, je veux être aimable avec vous », cela n'aurait été ni profond ni honnête. Un enseignement authentique doit comprendre l'esprit de l'autre.

« Dans notre corps, il n'y a aucun lieu où aller ni demeurer. » Telle est la véritable liberté. Les enfants vont, viennent, regardent, se tiennent debout, sans but, sans objet. Comme eux, nous devons agir inconsciemment, et sans laisser de traces.

« Les traces disparues du satori, forces vivantes, viennent nourrir une création illimitée, afin que surgisse l'énergie inconsciente et infinie », écrit Dogen.

Et, dans le *Hannya Shingyo,* il est dit :

« Ni croissance, ni décroissance,
ni souillure, ni rejet de la souillure,
ni obtention, ni non-obtention. »

Tel est le zazen. On s'assied, et l'on pousse le ciel avec la tête, et la terre avec les genoux. Pénétrer la Voie n'est donc pas difficile, mais il ne faut ni amour, ni haine, ni choix, ni rejet.

Si nous adhérons à l'esprit mesquin,
Perdant toute mesure,
Nous basculons dans la voie de l'erreur.

L'esprit mesquin est tiraillé par le dualisme. Jamais satisfait, assis entre deux chaises, toujours à la recherche de quelque profit, il se fourvoie et tombe dans des impasses. Il est alors saisi par l'anxiété, l'incertitude, l'épuisement.

L'éducation de Maître Unmon consistait en de vigoureux coups de bâton ; celle de Maître Joshu était facile et douce. Lorsqu'un disciple lui demandait : « Je vous en prie, Maître, enseignez-moi le Zen », Maître Joshu répondait : « As-tu pris ton déjeuner ?

— Oui ! Maître, disait le disciple.

— Alors, lave ton bol. »

Une autre fois, un disciple s'adressa à lui en ces termes : « Quelle est la signification de la venue de Bodhidharma en Chine ? » Grande question !

Ne désirer ni ne fuir les sons.
N'aimer ni ne haïr les couleurs.

Comme le reflet de la lune flottant
    à la surface de l'eau.
Comme l'image reflétée sur le miroir.

Le *dharma* n'est pas troublé par le vulgaire.

La parole est bruyante comme le chant
    de la grenouille à l'époque des amours.
Le silence est semblable à une colonne.

Sans peur de l'enfer ni désir du paradis,
embrasser tout le cosmos. »

En zazen, le cerveau frontal entre dans une phase de repos. La posture juste et la respiration exacte mènent notre cerveau vers sa condition normale, permettant au cerveau primitif de se renforcer.

Ainsi pouvons-nous adhérer complètement à la nature, comprendre notre propre nature originelle et éternelle.

D'un seul regard rapide les maîtres de la transmission et le Bouddha embrassent les trois mondes (passé, présent et futur), leur compréhension englobe tout le cosmos. Avoir foi en l'esprit, croire en notre propre nature originelle, faire confiance à la vérité du cosmos : *Shin Jin Mei*.

Deux hommes marchaient dans la nuit, sur un chemin traversant l'obscure forêt d'une montagne reculée. L'un des deux était aveugle, et son compagnon le guidait dans le chemin difficile. Soudain, dans les fourrés sombres, un démon se matérialisa et se dressa sur le chemin. L'aveugle n'éprouva pas la moindre crainte, tandis que son compagnon fut terrorisé. Alors l'infirme conduisit son ami...

Le secret du kendo, tel que le comprend l'esprit des grands maîtres, est inclus dans ces sept lignes :

Sans désir,
sans but,
sans recherche,
sans pensée,
ni obtenir ni rejeter,
ni saisir ni abandonner,
être libre.

L'oiseau mystérieux joue.

Ken hen *s'oppose à la vérité*,
Kontin *s'en échappe.*

Ken hen et *kontin** représentent deux écueils
opposés dans la pratique de zazen. Le premier,
appelé aussi *sanran**, correspond à l'excitation, à la
dispersion de l'esprit, soumis au flux des pensées,
sans repos ni stabilité, en recherche perpétuelle – une
telle attitude mentale, toujours portée vers l'extérieur, caractérise notre civilisation. Dans la posture,
elle se manifeste par une tension excessive, en particulier dans les pouces, qui se relèvent.

Le second écueil correspond à la dépression, à
l'obscurcissement de l'esprit, qui sombre alors dans
la fatigue, voire le sommeil. Anxieux, souffrants,
nous allons vers l'obscurité, nous descendons, dou-
tant, sans foi établie. Nous coulons comme une
pierre dans l'eau (*kon* signifie obscurité, et *tin* couler). Alors, en zazen, le corps se détend, se relâche
à l'excès, et les pouces s'abaissent.

L'enthousiasme, la colère sont du domaine de *ken hen,* tandis que l'anxiété, la tristesse appartiennent à *kontin. Ken hen* se dresse contre la vérité, tandis que *kontin* s'en échappe.

Dans le Zen, on distingue traditionnellement six conditions de la conscience :

1. Trop penser.
2. Désirer penser.
3. Penser, mais ne pas penser.
4. Ne pas penser, mais penser.
5. Vouloir cesser de penser.
6. Fuir les pensées.

Les états 1 et 2 relèvent de *ken hen,* et 5 et 6 de *kontin,* tandis que les états 3 et 4 sont du domaine de *hishiryo,* et correspondent à l'attitude juste. Celle-ci est concentration sur la posture : menton rentré, nuque et colonne vertébrale tendues, l'esprit déposé dans la main gauche ; le corps devient frais et l'être retrouve sa condition normale.

À son retour de Chine, Maître Dogen s'était établi dans les faubourgs de Kyoto et enseignait le zazen aux laïcs. Il écrivit le *Fukanzazengi,* Instructions pour la pratique du zazen. On y trouve notamment ces lignes :

« Pour zazen, une pièce silencieuse convient.
Mangez et buvez sobrement.
Rejetez tout engagement et abandonnez toute
     affaire.
Ne pensez pas "ceci est bien", "cela est mal".
Ne prenez parti ni pour ni contre.
Arrêtez tous les mouvements de l'esprit conscient.

Ne jugez pas des pensées et des perspectives.
N'ayez aucun désir de devenir un bouddha.
Zazen n'a absolument rien à voir
avec la position assise ou la position couchée. »

Si nous désirons aller,
Prendre le seul et le suprême véhicule,
Nous ne devons pas haïr les six souillures.

Si nous ne haïssons pas les six souillures,
Nous pouvons atteindre l'état
*   de véritable bouddha.*

Le suprême véhicule est le Mahayana.

Maha, en sanscrit (*Dai* en japonais), signifie le plus grand, le suprême, l'ultime, le plus profond. Et *Yana,* en sanscrit (*Do,* en japonais), signifie le véhicule, la Voie.

Ainsi, pour prendre le suprême véhicule, pour marcher sur la plus haute Voie, nous ne devons pas rejeter les six souillures.

Que sont les six souillures ?

Les six sens :

— *gen,* les yeux (la vue)

— *ni,* les oreilles (l'audition)
— *bi,* le nez (l'odorat)
— *ze,* la langue (le goût)
— *shin,* le corps (le toucher)
— *i,* la conscience.

Nous ne devons pas haïr les souillures. Par notre pratique de zazen, *shiki* (souillures, phénomènes) devient *ku* (essence, vacuité). Et *ku* devient *shiki.*

Dans la philosophie bouddhiste, existe la notion d'*alaya vijnana,* ou réceptacle des semences karmiques. Dès la naissance, le cerveau est le réceptacle d'un nombre considérable de neurones. La vie quotidienne exerce son influence sur les six sens, et se trouve donc à la source de la création de jonctions neuronales, qui mettent leur empreinte définitive dans le cerveau. En zazen, à travers le calme et la sérénité, les semences karmiques provoquées par une vie quotidienne agitée, un savoir excessif, une enfance difficile..., se transforment en semences de sagesse. *Shiki* se transforme en *ku.* Et c'est pourquoi, au sortir du zazen, le visage est si pur, si clair...

Ainsi les souillures ne sont-elles autres que les phénomènes *(shiki).* Ceux-ci font partie de notre corps, de nos cellules, de nos neurones. On ne peut éviter les connexions neuronales, de même qu'un poisson ne peut se passer d'eau.

Le Mahayana inclut toutes les expériences de notre existence, tous les états de conscience de notre esprit. Ces souillures, on ne les recherche ni ne les fuit, on les accueille et, par la pratique de la méditation dans la posture de Bouddha, on les transforme en graines de sagesse.

Si nous désirons pratiquer la plus haute des Voies, nous ne devons pas haïr les six souillures, ni fuir les phénomènes. La plupart des religions prônent une attitude morale consistant à s'abstenir des souillures et à couper les illusions. C'est la démarche du *Hinayana**, ou petit véhicule.

Le Zen se situe au-delà des catégories, des religions, des philosophies, des sciences. Il n'est ni mortification ni ascétisme, mais retour à la condition normale, originelle de l'être humain, par la pratique de zazen.

Dans le *Sutra du Lotus,* il est question de trois chars, l'un tiré par un bœuf, les deux autres par un ours et un mouton. Des enfants, qui ne voulaient pas abandonner la maison magique et illusoire, sont cependant intéressés et attirés par ces trois chars. Ils sortent de la maison, montent dedans. Et il s'avère que les trois chars n'en sont qu'un.

L'enseignement doit être direct, ne passant ni par l'intelligence, ni par la lecture des livres, ni par une pratique compliquée. Il n'y a qu'une seule et directe méthode : *s'asseoir sur un zafu.* Et la pratique de zazen digère, fusionne, transforme les semences de karma, provenant de l'action des six sens, en graines de sagesse. Le savoir devient sagesse.

Le *bodhisattva** est le héros suprême et courageux du grand véhicule. Ses actions sont dépourvues de notion de but et d'idée de profit ; il voue sa réalisation au bien de tous les êtres, afin de les sauver de leur condition illusoire, en les aidant à réaliser la Voie. Parvenu « au-delà », il abandonne l'état de nirvana et, se servant de moyens habiles, pratique la compassion pour alléger les souffrances des êtres vivants ; il mène l'humanité et le cosmos entier vers leur réalisation, vers l'état de véritable bouddha.

Canard sauvage
sur la berge de l'étang aux lotus.

L'homme sage est non actif,
L'homme fou aime et s'attache lui-même.

L'homme sage, selon l'Orient, n'a rien à voir avec l'intellectuel ou le savant occidental. Stupide en apparence, il suit l'ordre cosmique, sans agir avec sa conscience personnelle, sans rechercher ni fuir quoi que ce soit.

Dans son ouvrage *Eihei Koroku* (Les Règles de Eihei-ji), Maître Dogen raconte cette histoire :

« Un moine confirmé et un novice voyageaient en bateau. Surgit une forte tempête, qui fit chavirer le navire. Le jeune moine put saisir une planche, il s'y agrippa, et se mit à nager en direction de son aîné qui n'avait aucun appui. "Comprends-tu l'enseignement du Bouddha ?" demanda l'ancien au novice. Alors, sans aucune pensée, le jeune moine, instantanément, lui offrit sa planche. À ce moment, le dieu de la Mer, le grand dragon, surpris par cette attitude, suscita une vague haute comme une montagne, qui porta le novice sur le rivage. » Et Maître Dogen

conclut : « Ce moine a saisi l'enseignement du Bouddha, sans penser, sans aucun doute. »

Comment expliquer les relations de l'ego et du
système cosmique ?

Dans la cérémonie du thé, ou *chanoyu,* le Maître
enseigne le comportement : comment entrer dans la
chambre, prendre les pots, la louche, le thé vert en
poudre, ou *macha.* Le visiteur attend, l'hôte également. Pour boire le bol de thé vert, il est nécessaire
de suivre des règles précises. Au début, on se
concentre consciemment mais, en dernier lieu, sous
l'effet de la répétition, tout se passe inconsciemment, naturellement, automatiquement.

Il en est de même pour tous les actes de la vie
quotidienne. Non actifs, nous pouvons recevoir
l'énergie universelle, et fusionner avec le système
cosmique.

40

Dans le dharma, *pas de différenciation,*
Mais l'homme fou s'attache lui-même.

Dans sa prime jeunesse, un grand disciple du
Bouddha, Sariputra, était en zazen au bord d'un lac.
De nombreux poissons sautaient à la surface de
l'eau. Sariputra changea de place et s'installa dans
un endroit plus retiré. Mais le chant des oiseaux
dérangeait son zazen. Il pensait inconsciemment, les
illusions s'élevaient. Les oiseaux et les poissons le
troublaient, il médita de les tuer pour les manger...
Nous ne devons pas chercher à nous distraire du
bruit de l'eau, du chant des oiseaux !

L'authentique vérité du bouddhisme se situe par-
delà les choix et les jugements de valeur, par-delà le
subjectif et l'objectif, et au-delà même de ce « par-
delà », sans aucune demeure. Sakyamuni Bouddha
enseigna quatre grands principes ou *satyas* (vérités) :
Ku, Ju, Metsu, Do.

Ku : ce kanji-là signifie la douleur, la souffrance
dans toutes ses manifestations.

Ju : l'origine de la souffrance : les passions, le désir, l'attachement, les illusions, le karma.

Metsu : l'abandon du désir, non-action, nirvana, extinction.

Do : la Voie ; pratique de la méditation dans la posture de bouddha, réalisation du satori.

Il nous faut comprendre profondément ces quatre vérités, de la souffrance, de l'origine de la souffrance, du nirvana et de la Voie.

Ceci est la version du *Theravada**. Le Mahayana y apporte quelques modifications.

Ku : L'éducation, l'intelligence, les connaissances compliquées de notre vie. La souffrance vient de l'intelligence. Nous comprenons, nous voulons réaliser. La jeunesse est pure, idéaliste, spirituelle et souffre de ne pouvoir réaliser ses aspirations. On découvre qu'il faut de l'argent pour vivre. (C'est la thèse.)

Ju : Le matérialisme, le changement des pensées altruistes, la conscience des besoins matériels. (C'est l'antithèse.)

Metsu : Avec le temps, on comprend que les deux aspects sont nécessaires à la joie authentique. L'argent est nécessaire, mais on ne renie pas la spiritualité. L'idéal se réalise dans la pratique. On veut équilibrer spiritualisme et matérialisme, saisir leur interdépendance. (C'est la synthèse.)

Do : L'instant présent est important. Vers quarante ou cinquante ans, nous pouvons trouver la sagesse.

Le véritable éveil ne vient pas du savoir, mais d'une compréhension parfaite, que l'on veut pratiquer jusqu'à la mort en suivant le système cosmique.

La pratique de la Voie peut elle-même être décomposée en huit éléments :

> *Perception juste*
> *Pensée juste*
> *Parole juste*
> *Action juste*
> *Vie juste*
> *Effort juste*
> *Concentration juste*
> *Conscience juste*

Cet octuple sentier forme, avec les quatre nobles vérités, les principes originels transmis par le Bouddha lorsque, après sept années de recherches et sept semaines de méditation assise, il eut réalisé l'éveil, peu de temps avant l'aube, à la clarté de l'étoile du matin.

« La Voie, le *dharma*, ne change pas suivant les temps anciens ou modernes. »

Maître Ju Hun

Couple de passereaux sur la branche
d'un prunier en fleur.

41

Se servir de l'esprit avec l'esprit,
Est-ce grande confusion ou harmonie ?

Ce verset est un profond koan. La deuxième ligne traduit l'ambivalence du mot *saku* ; à la fois mélange, harmonie, intimité, et confusion, désordre, égarement. Se servir de l'esprit avec l'esprit : *dai saku* (*dai* : grand).

« Se servir du bouddha avec le bouddha, de la vache avec la vache.
Si nous lavons la boue avec de la boue, le sang avec du sang,
Nous devons laver la saleté avec la saleté, la pureté avec la pureté. »

Lorsque nous nous servons de l'esprit avec l'esprit, du *dharma* avec le *dharma*, cela est une grande rencontre, une profonde intimité. *I shin den shin** : « De mon esprit à ton esprit. » Entre le maître et le disciple se produit l'expérience de la transmission. Avec l'esprit, transmettre l'esprit.

Je souhaite que vous compreniez ce *Recueil de la foi en l'esprit. Dai saku,* profonde rencontre, fusion de l'Est et de l'Ouest...

42

Dans le doute,
Les consciences de ken hen *et* kontin *s'élèvent.*
Dans la conscience du satori,
L'amour et la haine sont inexistants.

Notre corps, notre esprit peuvent expérimenter, pendant la méditation en zazen, ces états de *ken hen* et *kontin.* Le satori, retour aux conditions normales, originelles, ne connaît ni choix ni rejet.

Karma, en sanscrit, signifie : action. Action de l'esprit, de la langue, du corps. Pensées, paroles, comportement. L'action juste ne se situe pas seulement au niveau des gestes du corps, mais aussi dans le discours et les mouvements de l'esprit. Dans la vie quotidienne, les gens ont tendance à ne considérer que la troisième source de karma (le comportement physique), tandis que l'éducation privilégie le langage et la pensée au détriment du corps.

Le Zen dépasse le spiritualisme, qui privilégie la pensée, et le matérialisme, qui privilégie la sensation. Il se place au-delà de la question : « Que faire ? », pour mettre l'accent sur : « Comment faire ? comment agir ? »

Comment faire pour avoir des pensées, des paroles et un comportement justes ?

En zazen, les trois sources de karma : le corps, par la posture, la langue, avec le silence, et la conscience, en *hishiryo,* se purifient et s'harmonisent avec l'ordre et l'énergie universels. Parfaitement tranquilles, nous sommes le centre du cosmos, et nos cellules cérébrales s'accordent avec le mouvement de l'univers. Le satori réalise la fusion du cerveau et du système cosmique, la compréhension de tous les éléments, de toutes les existences.

Ici et maintenant est comme un point. Ici est important, maintenant est essentiel. Ni passé, ni futur, maintenant : l'instant présent. Cet instant présent fonde la chaîne des interdépendances. Ce point absolu inclut l'ensemble des phénomènes changeants, des existences impermanentes, le cosmos entier. En cet instant, ici, en France, en Europe, sur Terre, dans l'univers...

De même que la ligne se définit par une succession de points, notre vie peut être vue comme une succession d'ici et maintenant. Et, si nous comprenons la qualité fondamentale de l'instant présent, qui ne revient jamais, nous pouvons réaliser l'importance de la posture de zazen. Zazen est le grand comportement, la grande action, le grand changement.

43

Au sujet des deux aspects de tous les éléments,
Nous voulons trop considérer.

Le ciel et la terre, le jour et la nuit, le *yang* et le *yin*, le sujet et l'objet, la vie et la mort, le juste et le faux, l'amour et la haine, l'avant et l'après, le dessus et le dessous... Nous trouvons toujours deux côtés, deux aspects à chaque élément. Sans cesse, il nous faut aller au-delà. Et, finalement, tout élément revient à l'essence de l'élément. *Shiki* devient, est *ku*.

Nous devons trouver la Voie du milieu, sans pencher d'un côté ni de l'autre, mais en intégrant les deux. Nous avons rencontré les quatre vérités, premier enseignement du Bouddha.

Ku. Vérité de la souffrance. Spiritualisme.

Ju. Vérité du désir, origine de la souffrance. Matérialisme.

Metsu. Cessation du désir (et du refus). Voie du milieu.

Do. Méthode.

Même si, d'aventure, la philosophie occidentale parvient au-delà de *ku* et *ju*, elle ne peut dépasser *metsu*, car elle n'a aucune méthode, aucune pratique concrète à proposer.

Après avoir exposé les quatre nobles vérités, l'octuple sentier, la Voie du milieu, le Bouddha enseigna la chaîne des origines interdépendantes, c'est-à-dire la loi des causes et des effets.

En sanscrit (en japonais) :

1. *Avidya (Mumyo)*. Inconnaissance fondamentale, ignorance, chaos non conscient.

2. *Samskara (Gyo)*. Premières formations mentales.

3. *Vijnana (Shiki)*. Naissance de la pensée.

4. *Nama-rupa (Myoshiki)*. Naissance du nom et de la forme.

5. *Sadayatana (Roku)*. Action des six sens.

6. *Sparsha (Shoku)*. Contact avec le milieu.

7. *Vedana (Ju)*. Conceptualisation.

8. *Trishna (Ai)*. Attachement.

9. *Upadana (Shu)*. Désir de possession.

10. *Bhava (U)*. Devenir.

11. *Jati (Sho)*. Naissance et vie.

12. *Jara marana (Roshi)*. Vieillesse et mort.

Dans la vie quotidienne, les douze maillons de la loi de causalité peuvent être vus ainsi : au réveil, nous ne sommes pas encore conscients. Puis, la conscience émerge, croissante ; le cerveau devient actif, les six sens se mettent à opérer. Nous voulons agir. Un objet se présente, nous voulons le toucher, le saisir. Et, si nous y parvenons, ce contact se transforme en attachement. Lorsque nous sommes attachés, la satisfaction crée le manque et entretient le désir. Le temps passe et la mort survient... Et, comme l'ignorance demeure, le cycle se met de nouveau en mouvement.

Un autre exemple : les fleurs sont le résultat de la cause-graine. Cependant une graine isolée ne donnera pas de fleurs. Il faut des agents intermédiaires : la terre, l'eau, le soleil... Toutes ces causes sont *En,* interdépendantes. C'est la roue de la vie. Les causes et les effets sont analysables à l'infini.

Mais il est possible de couper la chaîne, comme nous l'enseigne la philosophie de *ku,* fondée sur la pratique de la méditation transmise par le Bouddha et les Patriarches. Si notre conscience se trouve aux extrémités de la roue, nous restons dans le domaine de la transmigration, de la constante mutation, tandis qu'en zazen nous nous plaçons au centre de la roue, au moyeu, qui est vide. Cette roue est une image commode pour suivre et comprendre la Voie.

44

Comme un rêve, un fantôme, une fleur de vacuité,
Ainsi est notre vie.
Pourquoi devrions-nous souffrir
Pour saisir cette illusion ?

Maître Dogen écrit dans le *Shobogenzo* : « Être en cet instant au-delà de toutes les existences du cosmos, et naître dans son environnement comme Bouddha, ainsi est zazen. »

Dans sa vie quotidienne, l'être humain ne cesse d'être la proie d'états de conscience successifs et contrastés. La tradition bouddhiste a codifié ces diverses possibilités karmiques sous la forme d'une roue de la vie, ou ronde des existences. Mus par le désir et l'insatisfaction, nous traversons six mondes : mondes infernal et des esprits affamés, animal et humain, héroïque et divin. Mais, en zazen, nous sommes, dans l'instant même, au-delà de toutes les existences du cosmos et des circonstances.

Notre vie est comme un rêve, notre mort également. *Maintenant* est capital, essentiel, pour le comportement, la parole, la conscience. Si nous comprenons cela, nous pouvons trouver la véritable liberté.

De nombreuses méditations provoquent certaines conditions particulières de l'esprit, une expérience mystérieuse, une illumination. Tout cela est illusion, fleur du vide... Nous ne devons pas saisir toutes les illusions. Zazen est *mushotoku*, sans but ni esprit de profit. Et, dans le bouddhisme, la notion de *ku*, vacuité, est très importante. Mais affirmer : « Je suis *mushotoku* », répéter sans cesse : « Je suis *ku*... », cela est *kuge*, fleur de la vacuité.

Le bouddhisme Zen n'est ni une éthique, ni une philosophie, ni une religion. Il va au-delà, sans nier l'éthique, la philosophie ni la religion.

La vie est un rêve, la mort également. Vie et mort sont semblables. Le Deshimaru d'aujourd'hui n'est pas celui d'hier, et celui de demain sera différent. Ne laissons pas le temps se servir de nous, servons-nous-en.

Maître Dogen écrit dans le *Shobogenzo* :

« Être en cet instant au-delà de toutes les existences du cosmos et naître dans son enseignement comme Bouddha, ainsi est zazen.
Aller au-delà du par-delà du matérialisme.
Aller au-delà du par-delà de la spiritualité.
Aller au-delà du par-delà de l'excès de spiritualité.
Aller au-delà du par-delà de la morale.
Ainsi est zazen. »

45

Le gain, la perte, le juste, le faux,
Je vous en prie, abandonnez-les.

« Je me suis éveillé au danger dans ma vie, écrit Maître Dogen dans le *Shobogenzo,* et j'ai réalisé que la plus haute des voies est le Bouddha, la plus élevée, la plus noble et la plus importante. »

Il nous faut tout abandonner, le gain et la perte, le juste et le faux, le bonheur et le malheur, *ku* et *shiki,* la posture et la non-posture...

« Le bonheur devient malheur.
Après la douleur vient la joie. »

Le Zen abandonne le dualisme, il inclut la dualité et va au-delà. Nous devons réaliser le *shiki soku ze ku* (les phénomènes deviennent l'essence) du *Hannya Shingyo,* ou « Chant de la Grande Sagesse ». En zazen, lorsque nous ne sommes pas concentrés, *ku* est absent et les phénomènes s'élèvent. Mais si *ku* est présent, les phénomènes s'évanouissent. Cependant, il nous est impossible de séparer, de limiter *shiki* et *ku,* car *shiki* lui-même devient *ku,* et vice versa. De même, la non-posture *(muso)* surgit naturellement, inconsciemment, automatiquement de la posture juste, de la concentration profonde.

Muso, la non-posture, inclut également la posture juste de zazen. Cette posture existe. Nous ne sommes pas des fantômes. Certains disparaissent comme des fantômes, disant : « Il faut que je devienne non-posture. » Folie !

Non-dualisme. Pas de séparation. *Ku* et *shiki* sont un seul et même élément. Nous devons donc abandonner les deux, et nous les obtiendrons tous deux. Les mains ouvertes, nous pourrons tout recevoir. Le Zen est les deux mains à la fois, en unité, comme dans le *gassho** qui le symbolise. En zazen, les mains ne sont pas écartées et posées sur les genoux, comme dans le yoga. Les deux mains deviennent une seule main. Avec le zazen, nous pouvons suivre le système cosmique par nos actions, nos sensations, notre conscience, notre sensibilité, nos paroles, notre posture et notre comportement.

Qu'est-ce que l'homme, l'*homo* ?

Les Chinois ou les Japonais diffèrent des Indiens et des Européens. L'idéogramme *Ningen* (homme) a pour sens : ensemble sans opposition ni relativité. La philosophie orientale définit ainsi l'homme, le *Ningen,* comme étant une interdépendance, un élément, qui devient un autre élément, et ainsi de suite... L'homme est un cosmos en miniature, un microcosme.

46

Si nos yeux ne dorment pas,
Tous nos rêves s'évanouissent.

Comme tous les êtres vivants, l'être humain a tendance à se tourner vers la lumière mais, lorsqu'il y a fatigue, les yeux recherchent l'ombre et les paupières se ferment.

En zazen, si l'on est en état de *ken hen,* l'excès de tonus s'évanouit en fermant les yeux. Si, en revanche, on tombe dans l'état de *kontin,* avec un tonus nul, il faut les maintenir bien ouverts. Au Japon, dans les temples, la tendance générale est au *kontin,* aussi les dojos sont-ils toujours éclairés. Dans notre civilisation surtendue, au contraire, les gens désirent le retour à la tranquillité. Maître Dogen a défini ainsi l'éclairage d'un dojo : « Ni trop sombre ni trop clair. »

Il n'est pas nécessaire de dormir pour rêver. Désœuvré ou tranquille, que ce soit au café ou au bureau, l'homme aime rêver. De nombreuses formes de méditation provoquent des rêves de dimension élevée, des états de conscience particuliers, mais cela reste du domaine de l'illusion. Même la plus profonde pensée au sujet d'un koan n'est jamais qu'un rêve. Notre vie ressemble à une fleur du vide.

Mais, en zazen, le rêve flou du sommeil ou de la veille devient précis. Nous pouvons contempler tous les phénomènes comme des reflets dans un miroir. Réaliser que notre vie n'est qu'un rêve, cela est véritable satori, la vie prend alors une très grande profondeur. Nous observons nos rêves, et ainsi nous pouvons les corriger. Nous pouvons corriger les rêves de tous nos rêves. Nos rêves doivent suivre le système cosmique, aller au-delà du bien et du mal, du masculin et du féminin, au-delà de toutes les catégories. Ainsi s'évanouit le rêve, par la pratique de *shikantaza* (seulement s'asseoir). La posture et la respiration exerçant leur influence, nous pouvons aller au-delà et retourner à la condition originelle, normale, de l'être humain.

Un homme voulait devenir riche et, tous les jours, il allait prier Dieu de bien vouloir le faire accéder à ce désir. Un jour d'hiver, revenant de sa prière, il vit, pris dans la glace, un porte-monnaie. Aussitôt, il se crut exaucé, et urina sur le porte-monnaie pour faire fondre la glace qui le retenait. C'est alors que, voulant le saisir, il s'éveilla dans un lit humide, serrant fortement ses parties intimes... Notre vie est ainsi.

Si vous ne devenez pas un être éveillé, vous ne pouvez pas comprendre la vie. Et la ligne ne sera que brisée ou courbe. Sans objet, ni but authentique, cette vie sera faible, anxieuse, remplie de peur. L'éveil nous fait suivre une ligne droite.

Il n'est pas nécessaire de nous éveiller si nous sommes dépourvus de doutes. Il n'est pas nécessaire de nous échapper si nous n'avons pas peur. Mais, en fait, nous entretenons des désirs et des craintes. Jusqu'à ce jour, le mystère du cosmos existe réellement, ici et maintenant, soumis à la loi du changement. Cela, nous devons le craindre, le suivre et en dépendre. À cet instant, nous pouvons trouver la foi véritable, la vie authentique, et la compassion. C'est le plus haut rêve de notre vie. Nous éveiller, comprendre, réaliser le rêve, et la ligne de notre existence devient droite.

Apprendre la Voie du Zen est apprendre à se connaître. Se connaître, connaître l'ego, revient à s'oublier. Oublier l'ego signifie suivre le système cosmique, être en harmonie avec toutes les existences du cosmos à travers « soi-même », sans même demeurer sur les traces du satori.

47

Si l'esprit n'est pas soumis aux différenciations,
Toutes les existences du cosmos deviennent
    une unité.

Shiki soku ze ku. Le phénomène devient l'essence.
Dans un sutra, il est dit :

« L'effet ne connaît rien de la cause.
Nous ne devons pas avoir d'objet. »

À coup sûr, la pratique de zazen a des effets béné-
fiques, mais nous ne devons pas nous concentrer sur
le résultat. Il suffit de pratiquer la cause : zazen. Les
différenciations sont à l'origine des complications.
Mais lorsque l'on s'assied simplement, dans la posture de Bouddha, l'atmosphère devient calme et paisible, et l'on retrouve simplicité et unité. Semblable
au fil de l'eau, l'esprit est parfois tranquille comme
un lac de montagne, parfois agité comme le torrent
dévalant la pente – et l'eau, miroir ou vague, toujours la même.

Les cellules cancéreuses ne reçoivent pas toutes les informations génétiques ; coupées de l'origine, elles se reproduisent, se divisent, prolifèrent et envahissent le corps tout entier, provoquant ainsi la mort. Notre civilisation moderne ressemble par plus d'un point à un cancer. Enfermé dans un espace étroit, sans contact avec la nature, privé de liberté, l'être humain a peur de son semblable et ne peut devenir intime avec lui-même. Dans les champs, les animaux élevés chimiquement ont seulement une apparence de liberté car, en fait, ils sont condamnés à l'abattoir... La vie des animaux devient semblable à celle des humains. Un cancer social ronge notre civilisation. Prise dans l'engrenage, la société ne peut plus rétablir l'équilibre avec le milieu (ce qui est une fonction naturelle à tout être vivant, la fonction homéostatique). Or, l'organisation juste du corps et de la société appartient au système cosmique. Et je crois qu'en rétablissant l'être à la racine de la véritable liberté, en lui donnant à voir son visage originel, la pratique de la méditation en zazen contribue de façon essentielle à l'homéostasie de notre civilisation.

48

Si notre corps réalise profondément l'unité,
Nous pouvons couper instantanément toutes
les relations.

Zen : un univers où toute notion d'objet et de but est abandonnée. Dernière étape – station de départ pour une vie véritable –, une civilisation sans cancer. Le secret : *hishiryo.*

De même que le bois ignore la cendre, et la cendre le bois, la cause ne connaît pas le résultat, ni le résultat la cause. Mais entre la cause et le résultat se trouve la vérité authentique, la justesse de la Voie.

L'action du cerveau interne pousse l'être humain à se rapprocher de ses semblables, à connaître autrui, à devenir intime avec lui, à former un groupe pour se défendre du sentiment de l'isolement. De son côté, le cerveau frontal pousse la personne à la compétition, à l'agressivité, à l'individualisme. Ces deux parties du cerveau sont en contradiction. Inconnu chez les animaux, c'est le problème de l'espèce humaine et, plus particulièrement, de notre civilisation, où le cor-

La lune comme un cercle de feu.

tex et les zones frontales sont en phase de surdéveloppement, tandis que le cerveau interne se trouve en involution. Dans un dojo, la proximité des compagnons de posture satisfait l'instinct de groupe, mais en même temps l'on y est solitaire, et personne ne vient troubler cette solitude.

Si notre corps réalise profondément l'unité, qui est *ku,* nous pouvons couper instantanément toutes les relations d'interdépendance. Nous avons déjà rencontré la chaîne des origines interdépendantes *(En),* ou loi des causes et des effets, et nous avons vu qu'il est possible de couper cette chaîne, ici et maintenant, soudainement, en pratiquant zazen.

Kodo Sawaki disait : « Si, pendant la guerre, l'ordre d'arrêter le tir des armes était donné, tout redeviendrait calme. » Zazen est ainsi : arrêter le tir, arrêter le combat.

*Si nous considérons toutes les existences avec
    équanimité,*
Nous retournons à notre nature originelle.

Si nous considérons exactement toutes les existences, nous retournons à la liberté authentique. Il nous faut en effet considérer les phénomènes sous tous leurs aspects, de même que le corps ne peut être réduit à un seul organe.

« Les montagnes de l'ouest font face à celles de
    l'est,
Les pics du nord et ceux du sud se regardent. »

Un seul et unique mont ne serait pas d'une telle beauté. Ni les montagnes ni les pics ne se combattent.

Lorsque nous posons nos yeux quelque part, nous ne regardons pas spécialement un objet. Chaque personne possède une vision particulière. Les cellules des fleurs réagissent différemment à chaque personne. Il en est de même pour le goût, l'odorat et toutes les perceptions. L'objet, la fleur, est un, mais les sentiments qu'elle inspire varient avec chaque personne. Bien sûr, il est possible d'établir des classifications à l'aide de catégories, mais, en fin de compte, il faut faire une distinction pour chacun d'entre nous.

L'action de regarder est l'ombre de soi-même. Aussi, je répète toujours qu'en dernier lieu nous n'avons pas de substance, pas d'objet. La substance de notre esprit est le non-objet.

Bodhidharma disait que l'essence du soi, notre propre nature, est *Rei myo.*

Rei myo : la nature de notre esprit est tellement profonde, tellement insondable qu'elle en est remplie de mystère...

Rei myo : le non-objet de notre esprit.

Une nonne rendit un jour visite à Maître Gutei, qui habitait un ermitage dans la montagne. Elle sollicita un *mondo,* et posa à Gutei une question à laquelle il ne put répondre. Alors, elle décida de rentrer chez elle. Gutei insista pour qu'elle reste, car l'obscurité était profonde.

« Je ne le désire pas, répondit la nonne, vous n'êtes pas un grand maître, et vous n'êtes même pas intelligent. »

Gutei n'en dormit pas de toute la nuit. À l'aube, il se mit en zazen, et son disciple Tenryu arriva. Tout de suite, Gutei lui demanda : « Quelle est l'essence du bouddhisme ? » Tenryu, sans mot dire, dressa son pouce sous le nez de son maître. Celui-ci, complètement surpris, réalisa...

Depuis ce jour, lorsque quelqu'un lui demandait

un *mondo*, Gutei se contentait de dresser son pouce à la verticale. À l'heure de la mort, il déclara : « J'ai réalisé le doigt de l'essence du Zen grâce à Tenryu. Je ne pourrai plus me servir de ce pouce après la mort. L'enseignement ne doit pas s'arrêter. » Et il brandit son pouce devant tous ses disciples.

Un seul doigt levé inclut tout le cosmos. Maître Kodo Sawaki se servait du seul silence. Chacun parle et se fatigue. La meilleure, la plus efficace des réponses est silencieuse.

Si nous examinons cela,
Rien ne peut être comparé.

Qu'est-ce que cela ? L'unité de toutes les existences et la chaîne des origines interdépendantes, que nous considérons sans discrimination, avec égalité.

Si nous étudions profondément les causes de l'existence, en dernier recours, celles-ci s'éteignent naturellement. Si nous examinons l'atome, en dernier lieu, la matière devient vide. Tous les phénomènes présentent des distinctions, mais ils sont finalement *ku,* vacuité.

Lorsque le bodhisattva Avalokitesvara* pratiqua en profondeur la plus haute sagesse *(hannya haramita),* il regarda les cinq éléments *(skandhas*),* et comprit que leur essence était *ku.* Aussi dit-il à Sariputra :

« Dans ce monde, *shiki* est *ku,* et *ku* est *shiki.* Le phénomène ne se différencie pas de l'essence, ni l'essence du phénomène. *Ku* est l'essence de l'univers visible, du monde des sens, de l'information, des créations mentales, de la conscience.

Sariputra, dans ce monde, toutes les existences sont caractérisées et organisées par *ku* – ni pur ni impur, sans naissance ni fin, sans croissance ni décroissance.

Dans *ku,* il n'y a ni univers visible, ni monde des sens, de l'information, des créations mentales, de la conscience. Il n'y a ni lumière, ni obscurité, ni notion de limite à la lumière et à l'obscurité. Il n'y a non plus ni vieillesse ni mort. Il n'y a pas de vérité du Bouddha, ni obtention, ni compréhension, ni illumination, ni satori.

En effet, il n'y a rien qui puisse être obtenu lorsque l'esprit du bodhisattva est en parfaite unité avec la plus haute sagesse. Rien ne peut troubler l'infinie quiétude de son esprit, passé au-delà des illusions. Ainsi peut-il accéder à l'état de nirvana. »

Finalement, si nous considérons, si nous étudions profondément, tout devient *ku.* Les causes, les existences ne sont qu'une. Ainsi, nous ne pouvons plus établir de comparaisons. Nous ne pouvons pas expliquer et en parler complètement. Si nous voulons le voir, nous ne le pouvons pas, car nos yeux et nos sens nous dérangent. Lorsque nous comparons, nous trouvons des éléments de différences, nous sommes dans l'obligation de créer des catégories, des conceptions. Aussi, vous ne devez pas questionner, et je ne peux pas répondre.

Si nous arrêtons le mouvement,
il n'y a plus de mouvement.
Si nous faisons se mouvoir l'immobilité,
Il n'y a plus d'immobilité.

Le deux étant impossible
Le un l'est également.

Si le mouvement est arrêté, si l'arrêt devient mouvement, ils perdent toute existence. *Shiki* s'évanouit dans *ku,* et *ku* disparaît dans *shiki.* Lorsque la houle s'apaise, la vague devient eau, lorsque le vent se lève, l'eau devient vague. Nous devons embrasser les deux aspects, *ku* et *shiki,* l'océan et les vagues, l'air pur et le vent.

Shiki et *ku,* mouvement et immobilité, ne peuvent coexister. Le Zen n'est pas dualiste. Pourtant, en définitive, *shiki* est *ku,* et *ku* est *shiki.* Donc pas de monisme non plus, mais la Voie du milieu, libérée des entraves de la dualité et des pièges de toute conceptualisation.

Le Zen n'est donc pas seulement *shiki* ou *ku*. Il inclut les deux.

Ni humide ni sec.

Ni malheureux ni heureux.

Le bonheur sans être le bonheur.

Le malheur sans être le malheur.

La vie quotidienne nous rend souvent anxieux et compliqués. Zazen nous permet d'apaiser les vagues de notre conscience, de retourner à la condition originelle : *hishiryo*.

Finalement, en dernier lieu,
Il n'y a ni règle ni régulation.

Comme nous l'avons vu, il y a de nombreux principes dans le bouddhisme : les quatre nobles vérités, le sentier des huit embranchements, les six vertus, ou *paramitas,* les douze maillons de la chaîne interdépendante... On distingue cent huit *bonnos**, ou passions, qui se subdivisent en sept cent quatre-vingt-deux graines de passion ; les distinctions deviennent tellement subtiles que les langues européennes ne peuvent les rendre. Également, les moines sont astreints à suivre trois cents préceptes. Et l'enseignement du *dharma* est lui-même le fait de diverses écoles : ainsi, au Japon, Tendai, Amida Butsu, Nichiren, Zen et, dans le Zen, Soto, Rinzai, Obaku. Mais, en définitive, il n'y a ni règle ni régulation.

Nous devons éviter le formalisme, nous pouvons créer, sans nous enfermer dans les catégories. Bien sûr, cela ne signifie pas qu'il faille abandonner la forme. Sur la Voie, pour réaliser l'ultime, il nous faut suivre les règles. Mais une fois l'ultime réalisé, il n'y a plus de règle...

> « L'eau pure pénètre le tréfonds de la terre. Aussi, quand le poisson nage dans cette eau, il a la liberté du véritable poisson.
> Le ciel est vaste et transparent jusqu'aux confins du cosmos. Aussi, quand l'oiseau vole dans le ciel, il a la liberté du véritable oiseau. »
>
> Dogen, *Zazen shin* (L'Esprit de zazen)

La pratique de zazen dans la vie quotidienne nous offre la possibilité de voler, de nager librement comme le font l'oiseau et le poisson. Les actions de chaque jour, telles que se lever, se laver, manger, marcher, aller aux toilettes, sont la pratique de la véritable Voie. Elles deviennent les règles de l'existence quotidienne, qui se transforme ainsi en cérémonie. Mais si nous pensons que nous faisons une cérémonie, ce n'en sera pas une ; il nous faut l'oublier et aller au-delà.

> « Le reflet de la lune argentée suit le courant de l'onde.
> Les nuages accompagnent le vent pur. »

54-55

Si l'esprit coïncide avec l'esprit,
Les semences, les traces des actions s'évanouissent.

Le doute du renard n'existant pas,
Les passions disparaissent complètement,
Et soudainement apparaît la foi.

Si notre cerveau revient véritablement, complètement, à l'esprit originel, cela est la condition normale, l'équilibre et l'identité. La montagne est haute,
la mer étendue. Le bambou est droit, la rose a des
couleurs délicates. Les yeux sont horizontaux et le
nez vertical. L'action juste, sans pensée, ne laisse
pas de trace ; elle opère sans but, naturellement,
inconsciemment, automatiquement.

Le renard est un animal qui doute tout le temps.
Quand il avance, il regarde toujours à gauche, à
droite et derrière lui. De même, à notre époque,
l'homme se révèle-t-il incapable de marcher droit.
Son comportement et son esprit sont empreints de

La lune ronde s'élève au-dessus du sommet
de la montagne.

suspicion. Incapable de la moindre foi, il est troublé par les sentiments de crainte, de doute, de sélection. Il ne peut se décider, et passe sa vie à hésiter. Plus que quiconque, les intellectuels possèdent cet « esprit du renard ».

Qu'est-ce que la foi ?

La décision totale. Suivre la vérité absolue, s'harmoniser avec le système cosmique, réaliser sa propre nature. La foi peut être la meilleure compagne, la nourriture la plus appropriée pour le grand voyage de la vie. Si nous cultivons les aspects de la foi, nos propres erreurs deviennent sensibles ; nous en éprouvons de la honte, les confessons, et développons tolérance et compassion.

La foi n'est pas un élément qui se surajouterait à l'univers, mais véritablement l'esprit, la nature de Bouddha. La Voie est longue, semée d'embûches et personne ne la parcourt aisément. Le cheminement est rendu difficile parce que l'on doute de la suprême sagesse, de l'enseignement authentique et de la personne qui le transmet.

Rien ne se révèle plus terrible que l'habitude du doute. Le doute est le germe de la grande inimitié qui déchire l'humanité. Il est ce qui blesse, le coup de sabre mortel que nous devons parer.

Il est certes difficile de naître en ce monde, et bien plus encore de suivre le système cosmique, d'entendre le véritable enseignement, et de s'éveiller à la foi. L'acte de foi est *mushotoku*, sans but ni esprit de profit... Gloire véritable et authentique enrichissement. Zazen nous guide sur la Voie, et la sagesse illumine notre vie quotidienne.

Tous les éléments étant impermanents,
Il n'y a aucune trace dans la mémoire.

Tout est impermanent, rien ne demeure. Les passions et les illusions disparaissent complètement, les doutes s'évanouissent, et la foi véritable apparaît. Si nous éprouvons ce sentiment de foi authentique, dirigeant notre esprit malgré le mouvement de notre conscience, les autres éléments perdent de leur importance. En zazen, il n'est pas nécessaire de penser, ou de se souvenir de quoi que ce soit. Essentielle est la concentration sur notre comportement *ici et maintenant.*

Qu'est-ce qui est important ?

Que devenons-nous après la mort ?

Nous avons peur de la mort. Comme l'a dit Maître Dogen, le bois ne peut voir ses propres cendres, et les cendres ne peuvent regarder le bois. Les cendres n'ont aucun souvenir de leur état d'arbre dans la forêt, et le bois ignore la condition de la cendre.

Notre vie ne peut voir notre mort et, dans le Zen,

on réalise la vie éternelle ici et maintenant. Mais il n'est pas nécessaire de penser à Dieu ou à Bouddha, ni de se poser des questions sur l'existence ou la non-existence de l'âme.

Nous pourrons revenir ici, mais l'instant présent ne reviendra jamais. « Maintenant » est primordial, et inclut l'univers entier, changeant et impermanent.

Si nous avons la foi véritable, continuant quotidiennement la pratique de zazen, nous pouvons trouver la liberté originelle du cerveau, source de puissance et de pureté.

*Illuminer sa propre intériorité par la lumière
du vide
Ne nécessite pas l'usage de la puissance de
l'esprit.*

En ce qui concerne hishiryo,
Considérer est très difficile.

Par le silence, illuminer sa propre intériorité, telle est l'essence du Soto Zen. Concentrés sur la posture, la respiration, laissant passer les pensées... Menton rentré, les pouces ne formant ni vallée ni montagne, en zazen la conscience devient vacuité et s'harmonise avec le système cosmique.

Hishiryo est la véritable attitude de l'esprit pendant zazen. En zazen, nous brillons par notre esprit intérieur, inconsciemment, naturellement mais, cependant, sans oublier notre existence. Il est très difficile de considérer cela. Comprendre *hishiryo* revient à obtenir le satori. Penser du tréfonds de la non-pensée, au-delà de la pensée, voilà le secret de la transmission de maître à disciple.

Mushotoku, hishiryo, si vous comprenez ces mots, vous connaissez le secret du Zen. Mais votre compréhension doit être autre que celle du sens commun, ou de l'intellect. Un disciple demanda un jour à Maître Unmon :

« Maître, qu'est-ce que la condition d'*hishiryo* ? »

Unmon répondit : « Ce n'est pas penser avec la conscience ordinaire. Le sens commun pense trop, comme toi. Et tu ne peux comprendre... »

À ce moment précis, le disciple réalisa.

La réponse du Maître doit toujours coïncider avec la question du disciple, comme le couvercle avec la boîte. Et, en dernier lieu, il n'y a ni règle ni régulation. Il faut laisser passer les pensées, sans vouloir les couper. Dans le *Fukanzazengi,* Maître Dogen écrit : « Pensez à ne pas penser. Comment pense-t-on à ne pas penser ? Non-pensée, *hishiryo,* cela est, en soi, l'art essentiel de zazen. » Nous devons penser du tréfonds de la non-pensée.

Qu'est-ce que *hishiryo* ?

Le pin sur la terre possède une ombre...

Le vent souffle,

Le pin bouge...

Et au même instant l'ombre également bougera. Le vent crée ce mouvement sans penser, son action est inconsciente, automatique, naturelle. Cela est *hishiryo,* et ne peut être compris par l'intelligence. En faisant zazen, nous pratiquons *hishiryo* inconsciemment.

Hishiryo est aussi le summum, le point culminant, l'excellence, l'éclatement de la conscience, l'au-delà de la pensée. Pensée absolue, universelle, globale. Conscience cosmique et non plus personnelle. Notre corps n'est pas séparé du cosmos. *Hishiryo* est l'ultime conscience, au-delà de l'espace et du temps. La lumière de la nébuleuse Andromède met un million d'années à nous parvenir, tandis qu'en zazen notre esprit a la possibilité de connaître inconsciemment l'énergie du cosmos tout entier, en un instant.

Comment penser du tréfonds de la non-pensée ? Préoccupé par cette question, faisant zazen, plein de fatigue et de souffrance car il travaillait dur, Kodo Sawaki ne put dormir durant de longs jours. Un soir, cependant, il s'endormit dans la cuisine, et un moine qui passait là, ne l'ayant pas vu, trébucha sur son corps. Il se réveilla... et comprit la condition d'*hishiryo*. « Je réalisais *hishiryo* et ne pouvais l'expliquer... Comme une étincelle, comme la flamme d'un briquet éclairant mon cerveau. »

Dans le monde cosmique de la réalité telle qu'elle est,
Il n'y a ni entité d'ego ni autres différences.

La « réalité telle qu'elle est », *tathata** en sanscrit, *shinyo* en japonais, est l'ainséité, ou le ça, en termes bouddhistes. On désigne ainsi l'absolue réalité, la multitude des formes dans le monde phénoménal. *Shinyo* est considéré à la fois comme existence réelle, ou *samsara,* et comme *ku,* ou *sunyata.*

C'est la vérité du cosmos, sans différenciation entre l'objectif et le subjectif. Encore une fois, il s'agit de l'état originel de la conscience, de la condition normale du cerveau, et non d'un état spécial comme l'illumination. *Shinyo* ne peut être totalement exprimé par des mots, et seul celui qui a réalisé sa propre nature peut le contempler. En zazen, le cerveau, totalement pacifié, est en harmonie complète avec le cosmos. La condition d'*hishiryo* s'établit naturellement, automatiquement, spontanément. *Shinyo* est, devient *ku,* au-delà de l'ego et de toutes différences. La conscience humaine embrasse alors l'univers entier, dans une fusion parfaite.

Si vous voulez réaliser le un,
Cela n'est possible que dans le non-deux.

De nos jours, chacun travaille à se faire un ego très affirmé. On recherche le succès, on veut dépasser les autres, la vie devient dure et difficile. Les personnes demeurent alors dans un état d'anxiété et de surtension. À l'inverse, l'existence en harmonie avec le système cosmique est paisible, facile, dépourvue de crainte. L'esprit demeure dans un état de calme et de stabilité.

En zazen, la séparation entre l'objet et le sujet, le satori et la pratique, Bouddha (ou Dieu) et l'ego disparaît, car la posture elle-même est l'état de Bouddha.

Le sutra de Vimalakirti relate un dialogue entre le moine Manjusri et le bodhisattva Vimalakirti. Manjusri demanda à Vimalakirti : « Quel est votre principe du non-deux ? » La réponse de ce dernier ne fut que le silence. Silence plus puissant que cent mille coups de tonnerre grondant en même temps dans le ciel. Au-delà de toutes catégories, contenant tous les silences, seul et unique, éternel silence.

Comme cela est non-deux,
Toutes choses sont identiques, semblables,
Tolérant les contradictions.

Ni objet ni sujet, tout est inclus dans la réalité de l'unité. Dans la nuit, la lune brille pour la montagne, la rivière, les feuilles des arbres, comme pour chaque goutte de rosée. Sa lumière illumine toutes les existences. Nous pouvons ressentir, pratiquer, vivre nos pensées, actions et sentiments mais, derrière tout cela, il n'y a pas d'existence réelle d'âme ou d'esprit. Pensées, sentiments, actions dépendent de la constitution, de la force et des habitudes du cerveau. Instantanément, au-delà de l'espace et du temps, l'état d'*hishiryo* permet d'atteindre les tréfonds du cosmos. Et si nous pratiquons régulièrement zazen, il en sera ainsi, inconsciemment, au moment de notre mort.

Zazen nous permet de briser l'imagination personnelle, possessive, de casser notre attitude d'ego, d'abandonner nos dépressions, et d'arriver à la matu-

一日不作
一日不食

Faux et chapeau de paille de paysan.
Dans les temples zen, le *samu*
(travail manuel) est très important.

rité des pulsions sexuelles, à la possibilité de transformer cette énergie en puissance créatrice, dans l'orgasme de l'union parfaite avec le cosmos.

Nous ne devons pas utiliser l'énergie cosmique pour nos fins égoïstes, ni entretenir un esprit de compétition avec les autres. Éviter la tension, ne pas penser par la conscience personnelle. La pratique et l'action sont fondamentales. Trop de pensées, et l'énergie diminue, l'être s'affaiblit.

Les événements brusques ne doivent pas nous surprendre, ni les difficultés et les dangers nous effrayer, ou le bruit nous faire fuir. Ainsi, notre esprit devient large, fort. Nous pouvons intégrer toutes les existences et, regardant en face, sans peur ni surprise, aller à la découverte de l'inconnu.

62

Les sages, l'humanité tout entière
Vont vers l'enseignement de la source originelle.

Shu est la source, la racine, le principe, la vérité, l'ultime, la voie la plus haute. Tous les êtres, toutes les existences, doivent parvenir à la source originelle, car d'elle provient le non-deux. *Funi,* le non-deux, inclut le tout, il n'est donc pas nécessaire d'y entrer ni d'en sortir ; rares sont ceux qui peuvent le comprendre et retourner à la source.

Bien sûr, une optique particulière est requise dans les affaires de la vie, la science et la technique. Mais le Zen se place à un niveau global, que n'atteint pas le raisonnement limité.

Voici quelques histoires de la Chine ancienne.

Maître Baso se promenait le long d'une rivière avec son disciple Hyakujo. Ils aperçurent un canard cherchant sa nourriture. Dérangé, le canard s'envola, et le maître et le disciple le suivirent des yeux. Ils se regardèrent en silence et, soudain, brusquement, le Maître pinça le nez du disciple qui hurla de douleur. Baso dit alors : « Oh ! il y a là un canard qui chante ! »

Un célèbre voleur du nom de Koshi intéressait Confucius, qui décida de le convertir à sa morale. Il se rendit donc dans la montagne où était la retraite du voleur, et entreprit de faire son éducation. Mais ce fut l'inverse qui se produisit ! Koshi, le voleur, éduqua Confucius en lui disant : « Vous n'êtes qu'un homme puéril, attaché à la morale dont vous ne voyez qu'un seul côté. Vous êtes un peu dérangé ! » Confucius dut s'enfuir.

Un certain inspecteur demanda à Kyoyu :
« Vous êtes un très grand homme, et je désire vous remettre la transmission de mon empire, l'acceptez-vous ? »
Très mécontent, Kyoyu dit simplement : « Ces paroles ont souillé mes oreilles. » Et il partit se laver les oreilles dans la rivière la plus proche. Un ami, qui conduisait une vache, arriva au bord de l'eau. « Pourquoi te laves-tu les oreilles ? » lui demanda-t-il. « Aujourd'hui, je suis très mécontent. L'empereur a voulu faire de moi son successeur. Il m'a proposé son empire. Mes oreilles sont souillées par ces paroles, aussi dois-je les laver. »
Son ami dit alors : « Je voulais faire boire ma vache dans cette eau claire, et la voilà sale ! »
Mon maître Kodo Sawaki aimait raconter cette merveilleuse histoire.

Un ermite du nom de Senrin, un peu magicien, vivait dans une profonde montagne. Un jour, un vieil ami lui rendit visite. Tout heureux de l'accueillir, Senrin lui offrit un dîner et un abri pour la nuit et, le lendemain matin, avant son départ, il voulut lui donner un cadeau. Il prit une pierre et, avec son doigt, en fit un bloc d'or pur.

L'ami ne fut pas satisfait, et Senrin pointa son doigt sur un énorme roc qui, lui aussi, devint de l'or. L'autre ne souriait toujours pas.

« Que veux-tu donc ? » demanda Senrin.

Il répondit : « Coupe ce doigt. Je le veux. »

La plupart des hommes sont ainsi.

Un maître se promenait dans la montagne. À son retour, un disciple, qui l'attendait devant le porche, lui demanda : « Maître, où êtes-vous allé vous promener ?

— Dans la montagne », répondit le Maître.

Le disciple insista : « Mais quel chemin avez-vous pris, qu'avez-vous vu ? »

Le Maître dit : « J'ai suivi l'odeur des fleurs du chemin, et ensuite j'ai flâné selon les jeunes pousses. »

Comme le Maître suivant le chemin parfumé des fleurs, nous devons croire en la nature. Harmonie avec le système cosmique, telle est la véritable liberté.

63

Un moment de conscience devient dix mille années.

« Ne parlez pas du temps de la conscience du pin.
La couleur des pins, toujours verte.
La neige.
La lumière.
Les fleurs ouvertes au printemps.
Les feuilles rousses à l'automne.
Même si la nature change,
éternellement, chaque année,
le cycle recommence.
Les fleurs éclosent et se fanent.
Les feuilles des arbres tombent
Éternellement.
Mais la couleur de la conscience du pin est
    toujours verte.
Et la neige ne peut atteindre la lumière du
    printemps. »

Maître Keizan

Ici, le cosmos entier.
Maintenant, l'éternité.
Cela est *hishiryo,* conscience de zazen.
Un moment de conscience devient l'éternité, et l'éternité devient un moment de conscience.

64

Ni existence ni non-existence,
Partout devant nos yeux.

« Si quelqu'un demande ce qu'est le Bouddha, je lui répondrai : comme la glace dans le feu », écrit Maître Dogen dans le *San sho do ei.*

Qu'est-ce à dire ? Il n'y a ni existence ni non-existence, ni monde visible ni monde invisible. Dans l'originel, il n'y a rien qui puisse être enseigné. Le Zen ne peut se mesurer par le bon sens. La plupart des grands maîtres furent des hommes incorrigibles, impossibles, absurdes d'apparence.

D'un seul regard, nous devons voir le jardin cosmique tout entier ; en une seule respiration, le sentir ; en une seule écoute, l'entendre ; en une seule bouchée, le goûter ; et, par notre seul corps, le toucher.

Qu'est-ce que Dieu, ou Bouddha ?

Pour chaque personne, cela diffère. Dans les temples Theravada de Birmanie et de Thaïlande, on peut voir des statues de Bouddha en or pur, brillantes, rutilantes, comme neuves. En Chine et au Japon, ce genre de décoration revêt moins d'importance et, dans les célèbres temples de Kyoto et Nara, on respecte davantage les statues ternes, noircies. Cependant, ce ne sont que des statues, et non de véritables bouddhas. Quel est donc le véritable Bouddha ? *Hishiryo* est le véritable Bouddha.

Il est écrit dans l'*Hokyo Zan Mai* :

« L'homme de bois chante,
la femme de pierre se lève et danse. »

Cela est vrai. Nous devons être comme cet homme de bois et cette femme de pierre. En zazen, nous abandonnons les décorations, la famille, la vie quotidienne. On ne peut expliquer la condition de la conscience pendant zazen car elle est infinie. Comme les bateaux suivant le mouvement de la houle, sans la rechercher ni la fuir, ainsi est *hishiryo*.

65

Le minimum est identique au maximum,
Nous devons effacer les frontières des différents
*   lieux.*

« Si en une seule fois nous pouvons observer tout le cosmos, nous pourrons alors pénétrer la grande Terre. Tous les sages et les êtres ordinaires le réalisent ou ne le réalisent pas... D'un seul coup d'œil, nous pouvons saisir ou rejeter toutes choses.

Rapidement devenir Bouddha ou un animal. Réaliser le pouvoir, qui n'est pas celui d'autrui, mais nôtre.

Si vous éprouvez des doutes, vous ne pourrez l'obtenir.

Si vous demeurez sur les différences, sur les erreurs, vous ne comprendrez pas les éléments qui vous font face.

Ainsi, vous réaliserez votre véritable liberté et aurez la compréhension de la nature de votre esprit. Si vous ne pouvez réaliser le grand satori, s'il vous plaît, comprenez que votre langue est ma langue, que ma jambe est celle d'un âne, et que tordre le nez aussi est le cosmos. »

Maître Keizan

Dans les poèmes composés d'idéogrammes, le sujet est omis. Ainsi, qui doit effacer ? Moi, vous, nous ? La question du sujet n'est pas tellement importante. De cette manière, nous pouvons aller au-delà du dualisme et de l'individualisme.

Le minimum ne peut rien inclure, il est infini dans l'illimité. Comment le minimum peut-il devenir semblable au maximum ? Les dix mille *dharmas*, le monde sans frontière, l'infini sans limites peuvent être réalisés au bout d'un seul doigt, et inclus dans un seul petit grain de poussière.

« Le bâton du moine boit tout le cosmos. D'où viennent les montagnes, les rivières, la Grande Terre ? »

Nous pouvons construire un dojo dans notre propre corps, et y accueillir toutes les existences de l'univers, embrasser le cosmos. Ainsi comprendrons-nous que le minimum est égal au maximum.

Pendant trente ans, Maître Gutei ne se servit que de son pouce pour éduquer ses disciples. Il avait créé le pouce zen de Gutei. Tous les maîtres ont la possibilité d'expliquer le Zen, les Bouddhas, le cosmos tout entier avec ce simple bout de pouce.

Les commentaires de Maître Keizan sont toujours assez hermétiques, tandis que ceux de Kodo Sawaki respirent la simplicité : « Pourquoi un petit navet a-t-il une grande racine ? »

Dans la tradition bouddhiste Mahayana, on distingue vingt sortes de vides, *ku* :

1. *Ku intérieur* : Les organes des sens sont *ku*.

2. *Ku extérieur* : Le monde objectif est *ku*.

3. *Ku intérieur et ku extérieur* : Les mondes subjectif et objectif sont *ku*.

4. *Ku vide* : Le non-substantiel est lui-même non substantiel.

5. *Grand ku* : Les quatre nobles vérités et les douze maillons de la chaîne interdépendante sont *ku*.

6. *Petit ku* : Les quatre étapes du satori sont *ku*.

7. *Ku transcendantal* : Lui-même *ku*.

8. Le monde des formes conditionnées est *ku*.

9. Le monde des formes inconditionnées est *ku*.

10. *Ku absolu* : Les mondes des formes conditionnées et inconditionnées sont *ku*.

11. *Ku sans origine* : La production et l'extinction de l'existence n'ont ni commencement ni fin.

12. *Ku analytique* : Si on les soumet à l'analyse, toutes les formes produites par la chaîne des origines interdépendantes sont reconnues comme *ku*.

13. *Ku immuable* : Toutes les formes de l'existence sont inconcevables telles qu'elles sont.

14. *Ku originel* : La nature originelle de l'existence est pure et sans substantialité.

15. *Ku essentiel* : Les cinq agrégats *(skandhas)* sont *ku* et dépourvus de nature propre.

16. *Ku commun* : La nature commune de toutes les existences, qui n'est pas saisie conceptuellement, mais appréhendée et réalisée intuitivement, est *ku*.

17. *Ku de tous les dharmas* : Toutes les existences sont originellement *ku*.

18. *Ku impossible à obtenir* : L'existence est originellement impossible à obtenir. Sa nature ne peut être saisie.

19. *Ku sans nature* : L'existence est *ku,* sans substance.

20. *Ku substantiel* : La substantialité de toutes les formes de l'univers est véritablement insubstantielle.

66

L'infiniment grand est égal à l'infiniment petit,
Nous ne pouvons voir les limites des lieux.

« Le plus grand est infini, aussi ne pouvons-nous voir les limites des lieux.

Même si tous les Bouddhas des trois mondes répétaient sans arrêt les mêmes explications concernant ce problème, ils ne pourraient définir des lieux vastes comme l'infini. Jusqu'à ce jour, vous avez parlé sur bien des sujets et répété beaucoup de choses, mais ces actions ne sont pas finies. Maintenant, vous n'avez rien, car le maximum est identique au rien.

Toutes les directions de l'univers sont nommées l'œil du maître zen. Et le cosmos est appelé la main d'un seul maître, parce que l'infiniment grand est identique à l'infiniment petit.

Les quatre directions peuvent être incluses dans un seul coin minuscule, et notre poitrine peut accueillir les trois mondes. Le long chemin peut être franchi d'un seul pas, et une signification étrange et infinie contenue dans un seul mot. Dans le contact vertical (maintenant), les trois mondes deviennent un seul moment, et dans le contact horizontal (ici), toutes les directions existent en face de nos propres yeux.

Le clair de lune brille sur chaque goutte de rosée.

Maintenant, vous êtes en train de regarder, d'entendre, de sentir et de comprendre. Vous parlez, rejetez, aimez, haïssez, jalousez. Vous pensez, considérez, changez, bougez, agissez.

Mais aucun Bouddha ni aucun maître ne peuvent fournir l'explication au sujet des limites, des lieux, et de toutes les actions de votre vie. Ainsi vos actions sont-elles sans limites. Le monde de la matière et de l'action est limité lorsqu'on l'enferme dans des catégories. Limité, ce monde de la raison devra alors avoir une fin.

Cela est absolument clair. L'infiniment grand est identique à l'infiniment petit.

Les lieux n'ont ni frontières ni surfaces. Limites et surfaces sont dissoutes, abandonnées au loin. »

Maître Keizan

Tout est inclus dans *hishiryo,* aussi peut-on dire que le maximum est identique au minimum, et l'infiniment grand égal à l'infiniment petit. Dans le *Shobogenzo,* de Maître Dogen, au chapitre du *Bendowa,* nous trouvons ceci : « Au sujet des mérites du zazen, même si tous les Bouddhas des trois mondes désirent en donner des explications, cela sera impossible, car ces mérites sont illimités, infinis et sans dualisme. » Zazen est l'infiniment petit comprenant l'infiniment grand.

Les actions de notre vie quotidienne comme le réveil, la toilette, allumer l'encens ne paraissent pas tellement importantes, cependant elles comprennent tout le cosmos. C'est pourquoi Dogen insiste tant sur la nécessité d'un comportement rigoureusement juste, exact, au fil des jours.

Lors de leur rencontre, l'empereur Wu de Liang dit à Bodhidharma qu'il avait construit de nombreux temples et qu'il entretenait des milliers de moines. Certainement, ses mérites étaient très grands. « Ne le pensez-vous pas ? » demanda-t-il à Bodhidharma.

Celui-ci répondit : « *Mukudoku.* »

Mu * : la négation. *Kudoku* : profit, mérite ; « non-mérite ».

« Même si vous faites zazen et comprenez tout le bouddhisme, si vous êtes à l'opposé de *mushotoku,* si vous aimez le profit, vous êtes semblable à un renard ou à un fantôme. Mais si vous pratiquez sans esprit de profit, vous ressemblez au rugissement du lion », disait Maître Daito Kokushi.

Illettré, Eno* ne pouvait lire les sutras, il avait cependant compris toutes choses : « Si nous ne demeurons pas sur un objet, nous pouvons obtenir l'esprit véritable. »

67

L'existence elle-même est non-existence.
La non-existence elle-même est existence.

« La nature de Bouddha est composée de deux éléments, l'un est *U* (existence), l'autre est *Mu* (non-existence).

La non-existence ne comprend pas qu'un seul côté, et l'existence inclut plus d'un élément.

U n'est ni "changer" ni "demeurer", et *Mu* ne crée pas d'illusions. Cela possède une raison qui ne vient ni ne va, ne progresse ni n'accepte aucune autre chose.

Prenons un exemple : "La raison ne dit pas qui est le beau mari." Si nous réalisons, tout devient clair et exact mais, dissimulé, cela devient complètement secret et mystérieux. À ce moment précis, si cela est dissimulé, la réalisation le fera devenir de plus en plus clair, et cette réalisation deviendra de plus en plus cachée, secrète et mystérieuse. Ainsi lit-on dans l'*Hokyo Zan Mai* : "À minuit brille la lumière, et l'aube n'est pas claire." Il est difficile de trouver l'obscurité dans l'encre noire et la clarté dans la neige. Cela signifie qu'il y a égalité dans la différence, et différence dans l'égalité.

Lorsqu'un homme s'exprime totalement en face d'une foule, il ne peut voir chacun et, si quelqu'un se dissimule entièrement, personne ne peut le connaître. *Mu* est une partie de *Ku,* et n'est pas *U.*

Les nombreuses formes d'esprit appartiennent à *U,* aussi *U* n'est-il pas *Mu. Mu* est une pierre à l'intérieur de *Ku,* mais aucun Bouddha, aucun Maître de la transmission n'a pu l'échanger ni la transporter.

L'existence est finalement brisée et rejetée dans tout le cosmos, et même les dieux et les démons avec leur propre pouvoir ne peuvent l'appréhender.

Comme les mille herbes différentes, trempées par les pleurs de la rosée du matin, ou comme le vieux pin chantant la nuit dans le vent. Ainsi, cela est. »

Maître Keizan

Dans ce commentaire de Keizan, on trouve la logique des cinq *Go I* (voir p. 70). Ainsi, *U* est *Hen,* différence, et *Mu* est *Sho,* identité. Et, comme nous l'avons vu, *U* est *Shiki,* et *Mu* est *Ku.* La nature de Bouddha comprend ainsi *U* et *Mu,* existence et non-existence. Cela paraît contradictoire, mais il n'y a aucune dualité entre ces deux aspects.

« La raison ne dit pas quel est le beau mari. » Cette phrase se rapporte à une anecdote. Un jour, deux hommes demandèrent la main d'une jeune fille. Les parents, voulant savoir lequel des deux leur fille désirait épouser, lui dirent : « Si tu aimes l'homme venant de l'est, découvre ton épaule gauche, si tu aimes celui qui vient de l'ouest, découvre ton épaule droite. » La jeune fille découvrit alors ses deux épaules !

Les parents réagirent vivement. « Tu ne peux avoir deux époux. Il te faut choisir.

— Je ne puis décider », répondit-elle.

L'homme de l'est était riche et laid, et celui de l'ouest pauvre et beau. La jeune fille voulait vivre chez l'homme riche et dormir avec le beau garçon...

Dans la Chine ancienne, deux époux se querellaient et en vinrent à se battre, aussi un jugement fut-il demandé. Le juge demanda à leur fils : « Lequel des deux a commencé, ton père ou ta mère ? » Le garçon répondit : « Je ne peux pas certifier que c'est seulement ma mère ou mon père. » Les enfants aiment leur père et leur mère, car les sangs sont mélangés, et le témoignage de cet enfant est devenu un koan.

Si cela devient clair, la réalisation elle-même devient cachée, secrète et mystérieuse. Il est dit dans le *San Do Kai* :

« Dans l'obscurité existe la lumière,
ne regardez pas avec une vision obscure.
Dans la lumière existe l'obscurité,
ne regardez pas avec une vision lumineuse.
Lumière et obscurité
créent une opposition,
mais dépendent l'une de l'autre,
comme un pas en avant d'un pas en arrière. »

68

Si cela n'est pas ainsi,
Vous ne devez pas seulement le protéger.

« Je vous en prie, étudiez avec exactitude *U,*
l'existence, et comprenez avec profondeur *Mu,* la
non-existence.

Ne devenez pas ce compagnon excentrique qui
ne préserve et ne protège qu'un seul côté.

Je vous en prie, parvenez avec minutie et délicatesse aux détails. Que les actions de votre vie
quotidienne dénoncent votre intuition. Créez pour
le comportement de votre corps et de votre esprit
une profonde habitude.

Comme la protection du nouveau-né ou de la
prunelle de vos yeux, ainsi cela doit être. Si vous
réalisez l'union de l'existence, *U,* et de la non-
existence, *Mu,* comme l'alliage de l'or et du diamant pour la confection d'un joyau, si vous ne
vous entraînez que sur une seule matière sans
aucune concession subjective ni objective, vous
pourrez alors rencontrer à chaque moment l'au-

thentique vieux maître, et vous pourrez parler avec la véritable personne libre, qui n'est attachée par aucune classe.

À ce moment-là, vous ne pourrez plus vous séparer de lui, et vous réaliserez ensemble la parfaite unité.

Aussi, finalement, vous pourrez devenir une personne véritablement réalisée, ou un moine zen comprenant complètement *U,* l'existence. Si vous voulez comprendre profondément ce que cela veut dire, demandez à l'oreiller de votre lit ou à la colonne du *Hondo* (salle du Bouddha). Ils pourront vous expliquer en profondeur.

Les murs et les cailloux ont une foi naturelle et en face de cela l'homme de bois et la femme de pierre se prosternent en *sampai* inconsciemment. »

Maître Keizan

Le *Shin Jin Mei* ne peut être compris par la raison, ni appréhendé à l'aide de la logique. Le premier verset disait : « Réaliser la Grande Voie n'est pas difficile, il ne faut ni amour ni haine, ni sélection ni rejet. »

Et le verset 23 : « Le deux dépend du un, vous ne devez pas protéger même le un. »

Si l'on ne parvient pas à la signification originelle, l'être se fatigue et la conscience s'épuise.

Hishiryo inclut toutes choses. Il n'y a pas de moyen terme entre *U* et *Mu, Shiki* et *Ku,* les illusions et le satori. Il faut inclure les deux côtés. Si nous n'en protégeons qu'un seul, nous devenons ce compagnon excentrique qui a sur la tête une poutre en bois le bloquant dans une porte étroite.

Dans les actions quotidiennes, se concentrer sur les détails avec minutie et délicatesse, créer une profonde habitude pour le comportement de notre corps et de notre esprit. Comme protéger un nouveau-né... Un sutra fait allusion à cette difficulté de la protection.

1. Les œufs de poisson sont innombrables, mais bien peu se développent jusqu'à donner naissance à un petit poisson. Il en est de même avec les spermatozoïdes : un seul pénètre dans l'ovule.

2. Les fleurs du manguier sont très nombreuses, mais seules quelques-unes atteignent l'état de fruit.

3. Beaucoup de gens passent dans le dojo et souhaitent devenir de véritables bodhisattvas, mais la plupart ne continuent pas, et rares sont ceux qui restent pour pratiquer la Voie.

Tout n'est que changement. Le plus stupide des hommes peut devenir roi sur une scène de théâtre, et de grands acteurs n'être que des suivants. Mais, après la représentation, chacun reprend sa position. Ainsi est la vie, rêve, illusion...

Si nous réalisons l'union de *U* et de *Mu,* si nous pratiquons zazen, nous pourrons rencontrer à chaque moment l'authentique vieux Maître (*roshi*) et observer la véritable liberté.

Qu'est-ce que la véritable liberté ?

Les sutras parlent des dix libertés du bodhisattva Avalokitesvara (du sanscrit, *Avalokita* : observer, protéger, et *Isvara* : liberté).

1. *Ju jizai* : Liberté de vivre aussi longtemps qu'on le désire. Liberté de la vie éternelle.

2. *Shin jizai* : Liberté de l'esprit. Être sans attachement. Être l'esprit originel.

3. *Zai jizai* : Liberté matérielle. Pouvoir d'user librement de la matière. Cette liberté dépend des mérites de *fuse,* le don.

4. *Go jizai* : Liberté de l'action ou du karma.

5. *Sho jizai* : Liberté du comportement. Possibilité de faire ce que l'on veut, comme et quand on le veut, sans risquer de commettre d'erreur, grâce à une connaissance parfaite de l'essence originelle des préceptes.

6. *Sho Ge jizai* : Liberté de transmutation. Pouvoir de se transformer, tel le caméléon. Cette liberté dépend des mérites de *ninniku,* la patience.

7. *Gan jizai* : Liberté de l'accomplissement. Cette liberté dépend des mérites de *shojin,* l'effort. La persévérance, l'effort, amène la réussite.

8. *Jin riki jizai* : Liberté des pouvoirs étranges, invisibles. Cette liberté dépend des mérites de zazen.

9. *Chi jizai* : Liberté de la parole, du langage.

10. *Ho jizai* : Liberté de lecture des sutras, du *dharma.* Ces deux dernières libertés dépendent des mérites de *prajna,* la sagesse.

69

Le un lui-même est toutes choses,
Toutes choses elles-mêmes sont un.

« Vous ne devez pas emballer toutes choses avec une chose et ne pas finir une chose avec toutes choses.

Si vous atteignez complètement le un, ce seul fait signifie atteindre toutes choses, et ainsi obtenir une chose signifie avoir le gain de toutes.

Ne tendez pas l'esprit vers toutes les existences de façon déraisonnable et non naturelle. Ou bien ne créez pas et ne certifiez pas toutes les existences sans un esprit.

Je répète toujours que "ici et maintenant" est le plus sérieux. Aussi, si vous voulez obtenir ma tête après l'avoir coupée, je vous en prie, ramenez-la-moi.

Si vous affirmez qu'il y a toutes choses sans une chose, sans le un, comment pouvez-vous regarder quelques fleurs de *ku* avec votre regard intérieur aveugle !

Si vous affirmez que le tout n'est pas le un, retournez-moi votre nature originelle !

Le Maître demande de recevoir vos globes oculaires. À qui les donnerez-vous ?

Auparavant, je vous avais donné une balle précieuse comme une perle, mais maintenant rendez-la-moi !

Si vous ne me la rendez pas maintenant, quand donc me la rendrez-vous ? Maintenant mes paroles sont déjà terminées.

Aussi je brandis seulement mon *hossu* (chasse-mouches) et je vous dis : "Levez les yeux ! Levez les yeux !"

Mais cette action est une action tombant dans une basse dimension. Aussi, ne dites pas que j'ai fini de vous expliquer complètement. Ce n'est que la moitié de toutes choses !

Comprenez-vous ce que cela veut dire ? »

Maître Keizan

Le Maître ne peut expliquer par le langage les points délicats et importants. On lui pose des questions, mais ses réponses seront enfermées dans des catégories. Aussi, s'il veut fournir des explications à un disciple, ne limite-t-il pas sa conscience par le langage. La communication doit être *i shin den shin*, de mon âme à ton âme.

Eno a dit :

« Le véritable secret existe de votre côté, et non du mien. Votre conscience doit comprendre, mais je ne puis expliquer par le langage, vous pourriez faire des erreurs. Je dois expliquer à votre conscience. »

Dans le Zen, *mitsu,* le secret, n'a rien de mystérieux, c'est la compréhension du disciple *i shin den shin.*

(...) Si vous voulez obtenir ma tête après l'avoir coupée, je vous en prie, ramenez-la-moi. (...)

Un jour, Maître Dogo et son disciple Zangen se rendirent à une cérémonie funèbre. Une fois arrivés devant le cercueil, ils préparèrent l'autel, les bougies et l'encens. Et Zangen, frappant le cercueil, demanda à son maître : « Cela, est-ce mort, ou vivant ? » Le Maître répondit : « Vivant ou mort, je ne puis dire. »

Après la cérémonie, sur le chemin du retour, le disciple demanda à nouveau :

« Cela, est-ce mort ou vivant ? Répondez, Maître, s'il vous plaît !

— Vivant ou mort, je ne puis dire.

— Si vous ne répondez pas, Maître, je vais vous frapper ! »

Le disciple était costaud... Si j'avais été Dogo, j'aurais cogné le premier, mais ce maître était très doux. Il répondit : « D'accord, comme tu veux. Frappe-moi, mais je ne puis répondre. Vivant ou mort, je ne puis dire. »

Zangen le frappa durement. Dogo ne résista pas. Il était réellement un grand maître. Rempli de douleur, il arriva dans son temple. Alors, devant tous les disciples réunis, il dit : « Zangen, aujourd'hui tu m'as durement frappé, et je souffre beaucoup. Je pouvais te le permettre, mais la règle du temple ne l'admet pas. Il te faut quitter ce temple, je dois t'excommunier. Sûrement, les autres disciples vont te jeter dehors. Va-t'en ! »

Zangen se rendit alors auprès d'un maître dont la renommée était immense, Sekisho. Il lui raconta son *mondo* avec Dogo :

« Nous étions à des funérailles, j'ai tapé sur le cercueil, et j'ai demandé : "Vivant ou mort ?", et mon maître a dit qu'il ne pouvait me répondre. Certainement, il avait compris, il connaissait le secret et ne voulait point me le livrer. Aussi suis-je devenu très mécontent, car il me refusait une réponse qui était capitale pour moi. Je lui dis alors : "Maître, je vais vous frapper." Et, malgré mes coups, il ne m'a pas répondu. Qu'en pensez-vous ? »

Alors le très grand maître Sekisho lui répondit :

« Votre maître Dogo a parfaitement expliqué. Sa réponse était totalement juste. Et moi-même je ne puis dire autre chose. »

À ce moment précis, Zangen réalisa.

Voici un conte bouddhiste :

Sariputra était le plus intelligent des disciples du Bouddha et mourut avant lui.

Sari signifie en sanscrit « étourneau » et Sariputra « fils de Sari ». Son regard était extrêmement perçant, et il tenait son nom d'une anecdote concernant son existence précédente. Il avait accompli la *paramita* (vertu) de la patience. Des amis lui dirent : « Donne-nous tes yeux, car ta pratique de la patience est accomplie. Tu peux donc accepter la souffrance. »

Sariputra les laissa faire, et donna ses yeux. Mais ses compagnons trouvèrent que ceux-ci sentaient mauvais, et ils les écrasèrent sous leurs pieds. À cet instant, l'esprit de Sariputra, saisi par la colère, bougea. Il pensa alors que la pratique parfaite de la patience était chose difficile, et l'abandonna pour se consacrer entièrement à la méditation. Lors de sa renaissance, il devint le plus grand disciple du Bouddha.

(...) Je vous avais donné une balle
précieuse comme une perle. (...)

Dans le *Sutra du Lotus,* on trouve l'histoire suivante :

Deux amis se rencontrèrent après une longue séparation. L'un était devenu très riche, et l'autre un peu clochard. Ils burent ensemble du saké toute la nuit. Le riche voulut s'en aller. Plein de compassion pour son ami qui s'était endormi, il lui glissa dans la poche une pierre très précieuse. Mais, à son réveil, l'ami pauvre ne découvrit rien de ce don secret, et il poursuivit sa misérable existence. L'année suivante, ils se rencontrèrent de nouveau. L'ami riche demanda :

« Comment se fait-il que tu sois encore pauvre ?

— Tu sais bien, répondit l'autre, que je suis incapable de gagner de l'argent.

— Vraiment, tu es stupide, j'ai mis dans ta poche une pierre d'une immense valeur ! »

Cette pierre précieuse, ce diamant, représente la nature de Bouddha.

Une autre histoire du *Sutra du Lotus* :

À l'âge de huit ans, une jeune dragonne réalisa la nature de Bouddha et créa un paradis dans le Sud. À ce sujet, Sariputra était empli de doute. « Ce n'est pas possible. Elle n'a que huit ans. Ce n'est qu'une enfant. Elle ne peut être un Bouddha. » Il se rendit auprès de Sakyamuni : « A-t-elle réellement le satori ? A-t-elle vraiment réalisé la nature de Bouddha ? »

Alors, Sakyamuni lui montra la pierre précieuse qu'il avait reçue de la jeune dragonne. Et Sariputra s'inclina.

« Rendre la pierre précieuse », tel est le symbole de la réalisation de la nature de Bouddha. La pierre précieuse est notre véritable esprit, l'esprit cosmique, éternel, la conscience pure, *hishiryo*. Inexplicable, cette conscience est la source de toutes choses. Elle existe, mais on ne peut l'appréhender.

Aussi l'esprit lui-même est-il toutes choses, et toutes choses elles-mêmes sont un seul esprit.

Si cela est ainsi,
Pourquoi est-il nécessaire de considérer au sujet
du non-fini ?

« Lever un *hossu* en écailles de poisson et un bâton fait de corne de lapin... Impossible !

Comment acceptez-vous ou rejetez-vous l'existence *U* et la non-existence *Mu,* sans en comprendre le sens véritable ?

Si vous considérez ce problème, ou concevez ce sujet selon les *Go I* (Cinq Principes), si vous examinez la technique des nombreux koans, cela est non-sens absolu.

Il est également comique et humoristique de vouloir imiter les *kusen** des Maîtres, leurs koans, leurs paroles, même si le sujet est exact comme la mesure de la respiration.

Nous, moines Soto, ne devons pas du tout utiliser ces manières. Cessons d'agir ainsi. Les personnes qui pratiquent le zazen juste ne doivent pas traîner tout le temps de telles antiquités.

S'il vous plaît, ne discutez pas au sujet de l'enseignement du Zen transmis ou du bouddhisme. Si vous voulez devenir comme les Maîtres, il n'est pas nécessaire de faire des catégories pour comprendre.

Ne mélangez pas, s'il vous plaît, le rat crevé avec la pierre précieuse. »

Maître Keizan

71

L'esprit de foi est non-deux,
Non-deux est l'esprit de foi.

« Je suis aussi comme cela *(Nyoze).*
Vous êtes aussi comme cela.
Si vous le croyez, cela sera votre esprit véritable.
Même s'il y a négation et non-négation, les deux ne présentent pas de différence dans leur caractère originel.
Pourquoi donc est-ce appelé le non-deux ?
Ici et maintenant est le non-deux.
Qui suit les autres ?
Pourquoi le vent fait-il bouger les arbres ?
Pourquoi la vague s'élève-t-elle sur l'eau ?
Il n'y a que la langue qui soit séparée du goût, et le nez ne peut sentir les bons parfums.
Finalement, une personne sans langue ne peut comprendre les mots.
Pourquoi ne réalisez-vous pas la non-réalité ?
L'arbre de fer ouvre ses jolies fleurs, et le cheval de bois hennit en direction du vent.

La rivière dans la montagne froide.

Au même moment, les tambours résonnent, et le gong de la cloche se fait entendre.

La lumière de la lune devient claire et le vent fraîchit.

Aussi la foi-esprit est-elle non-deux, et le non-deux foi-esprit.

Le Bouddha et le dieu personnel se réalisent, ici, en ce monde.

Et chaque élément se réalise dans notre esprit. Même s'il dissimule son corps et son ombre, Bouddha apparaîtra dans ce pays.

Dans cette terre de Bouddha, cette forme et cette ombre seront réalisées.

Et leurs traces s'éteindront complètement, insciemment, naturellement, automatiquement. »

Maître Keizan

Lorsque Bouddha, ou Dieu, et l'ego sont en totale unité, cela est l'esprit de foi *(shin jin)*. Durant le zazen, de nombreuses illusions s'élèvent, résultant de notre karma, et il n'est pas nécessaire de chercher à les couper. Comme une eau boueuse dans un verre, notre esprit se décante, se purifie. Finalement, que reste-t-il ? Seul demeure le non-deux, l'absence d'opposition, véritable esprit de la foi.

Un disciple demande à son Maître :
« Qu'est-ce que l'esprit de foi ?
— Comme un voleur pénétrant dans une maison vide. Il ne peut rien voler... Il n'y a rien. »
Un maître offre un melon à son disciple :

« Comment trouves-tu ce melon ? lui demande-t-il. A-t-il bon goût ?

— Oui, il est excellent, répond le disciple.

— Qu'est-ce qui a bon goût, le melon ou la langue, » demande alors le Maître.

Le disciple réfléchit, devient compliqué, et répond :

« Cette saveur provient de l'interdépendance, non seulement du melon et de la langue, mais également de l'interdépendance de...

— Triple idiot ! coupe le Maître en colère. Pourquoi compliques-tu ton esprit ? Ce melon est bon, cela suffit ! »

« Pendant de longs mois,
la neige tombe sur les feuilles rousses.
Personne, contemplant ce paysage,
ne peut trouver les mots pour en exprimer
la beauté »,

écrit Maître Dogen dans le *San sho do ei*.

*Finalement, les techniques de notre langage
 seront totalement brisées,
Et passé, présent et futur ne seront pas limités.*

« En dernier lieu, la voie du langage sera coupée, et les pouvoirs de l'esprit et de la conscience seront complètement éteints.

Donc, le mot ne pourra être exprimé par la muqueuse de nos lèvres, et notre pensée, finalement, ne dépendra plus de notre conscience ni de nos sens.

Aussi ne pouvons-nous parler de mondes passé, présent et futur.

Lorsque nous atteignons cet *ici*, tout langage est complètement terminé, avec ses raisons extrêmes les plus étranges, et même la compréhension est oubliée. Parce qu'au sujet de la lumière, notre certification ou notre propre illumination est tout à fait claire, ne pouvant être ni couverte ni concernée.

Ainsi, à la fin, le maître abandonne les mots, n'utilisant aucune considération d'idée.

Le satori de Mahakasyapa atteint en un instant par le clin d'œil du Bouddha, ou l'obtention de l'essence de Bodhidharma par Eka, dans la neige profonde, ne sont pas dus au moindre hasard.

Faisant tournoyer le maillet ou brandissant le *hossu*, attaquant avec le *kyosaku** ou hurlant d'une voix tonitruante, ces étranges actions des grands maîtres sont une certification de leur grande vérité.

En ce moment précis, nous pouvons atteindre et pénétrer dans la profondeur de l'esprit du Bouddha et des maîtres de la transmission. Nous pouvons en finir complètement avec notre technique personnelle, le fort rugissement du lion et le *katsu** (cri du maître) ; nous pourrons retourner chez nous, nous asseoir en zazen, en totale intimité avec nous-mêmes.

Près de notre dojo, l'herbe n'est pas dense, et la neige profonde ne recouvre pas le sol en face de la grande porte...

Tous les démons ne peuvent connaître ce qui est dans le dojo, et une centaine d'oiseaux restent occupés à l'extérieur.

Nous oublions tous les faits de la vie sociale et sommes fermés aux poussières du monde entier.

À l'extérieur de la maison souffle le vent pur, et la lune brille calmement, tranquillement à travers la fenêtre.

Le son du torrent de la vallée pénètre nos oreilles, et le vert de la montagne emplit nos yeux.

Même si nous envisageons ces éléments une

journée entière, ils ne seront jamais saisis, et nos questions de toute une nuit seront sans réponse.

Comment pouvons-nous comprendre qu'il n'y a pas de frontière entre le monde du Bouddha et le vulgaire ?

Pour qui et avec qui pourrons-nous parler de la Voie de la vérité et du monde du vulgaire ?

Comment tous les grands Maîtres de la transmission ont-ils réalisé une telle situation ?

"Il ne demeure pas sur un même lieu et s'échappe de cet *ici,* épaulant la branche de marronnier, et entrant dans la vallée sauvage où se dressent les dix mille montagnes."

Si vous voulez trouver sa trace... S'il vous plaît, considérez ce chant du *Shin Jin Mei...* »

Maître Keizan

Dans la Chine ancienne, Maître Tozan voyageait dans la montagne avec un ami. Dans un torrent longeant un petit chemin, ils aperçurent un morceau d'épluchure de légume qui suivait le fil de l'eau. « Certainement, quelque ermite habite non loin de ce torrent », pensèrent-ils, et ils continuèrent leur chemin.

En arrivant au mont du Dragon, ils découvrirent un petit ermitage, et rencontrèrent un vieil homme aux longs cheveux et à la barbe blanche.

« Depuis combien de temps êtes-vous dans cette montagne ? »

Le vieil homme répondit : « Je ne puis m'en souvenir... Le printemps vient, l'herbe pousse, les arbres deviennent verts. En automne, la nature roussit et le

froid tombe sur la terre. » Ils insistèrent et demandèrent encore : « Pourquoi donc vous êtes-vous
retiré dans la montagne du Dragon ? » L'ermite leur
dit alors : « Cela n'est pas important. Mais ma vie a
changé... J'ai regardé deux vaches qui combattaient.
Ensuite elles sont entrées dans la mer, et je ne les ai
plus revues. Je suis ici depuis longtemps, et ma vie
est très paisible. » Un jour, il avait réalisé que l'esprit de foi est non-deux, et il était parti dans la montagne. Le matin, au lever du soleil, il se mettait en
zazen. L'après-midi, il flânait suivant divers chemins
boisés et, le soir, il se contentait de dormir après le
zazen.

Les deux visiteurs restèrent deux ou trois jours,
partageant ses légumes, et repartirent. Sur le chemin
du retour, Maître Tozan composa le poème suivant :

« Le vent pur chasse les nuages blancs.
La lune claire brille.
Le son du vent dans la vallée,
près du petit ermitage, emplit mes oreilles.
Qui peut l'entendre ?
La couleur des montagnes inonde mes yeux.
Même si je la contemple toute la journée,
cette montagne ne parle pas.
Même si je la questionne toute la nuit,
elle ne répond pas. »

Personne ne peut expliquer la condition de l'esprit
en zazen.

Mon maître Kodo Sawaki m'a révélé ce poème de Maître Dogen, qu'à mon tour je vous livre :

« La Voie transmise à l'ouest,
Je l'ai transmise à l'est.
Pêchant la lune,
et labourant le nuage,
je recherche le goût ancien.
La poussière du vulgaire
ne peut pénétrer
à l'intérieur de l'ermitage
par une nuit neigeuse
dans la montagne profonde. »

Le bonheur de l'authentique vérité
dans la vie quotidienne.

La pratique du zazen

La pratique de zazen est le secret du Zen. Zazen est difficile, je le sais. Mais, pratiqué quotidiennement, il est très efficace pour l'élargissement de la conscience et le développement de l'intuition. Zazen ne dégage pas seulement une grande énergie, c'est une posture d'éveil. Pendant sa pratique, il ne faut pas chercher à atteindre quoi que ce soit. Sans objet, il est seulement concentration sur la posture, la respiration et l'attitude de l'esprit.

La posture. Assis au centre du *zafu* (coussin rond), on croise les jambes en lotus ou en demi-lotus. Si l'on rencontre une impossibilité, et qu'on croise simplement les jambes sans mettre un pied sur la cuisse, il convient néanmoins d'appuyer fortement sur le sol avec les genoux. Dans la position du lotus, les pieds pressent sur chaque cuisse des zones comprenant des points d'acupuncture importants correspondant aux méridiens du foie, de la vésicule et du rein. Autrefois, les samouraïs stimulaient automatiquement ces centres d'énergie par la pression de leurs cuisses sur le cheval.

Le bassin basculé en avant au niveau de la cinquième lombaire, la colonne vertébrale bien cambrée, le dos droit, on pousse la terre avec les genoux et le ciel avec la tête. Menton rentré, et par là même nuque redressée, ventre détendu, nez à la verticale du nombril, on est comme un arc tendu dont la flèche serait l'esprit.

Une fois en position, on met les poings fermés (en serrant le pouce) sur les cuisses près des genoux, et l'on balance le dos bien droit, à gauche et à droite, sept ou huit fois en réduisant peu à peu le mouvement jusqu'à trouver la verticale d'équilibre. Alors on salue *(gassho),* c'est-à-dire que l'on joint les mains devant soi, paume contre paume, à hauteur d'épaule, les bras pliés restant bien horizontaux.

Il ne reste plus qu'à poser la main gauche dans la main droite, paumes vers le ciel, contre l'abdomen ; les pouces en contact par leur extrémité, maintenus horizontaux par une légère tension, ne dessinent ni montagne ni vallée. Les épaules tombent naturellement, comme effacées et rejetées en arrière. La pointe de la langue touche le palais. Le regard se pose de lui-même à environ un mètre de distance. Il est en fait porté vers l'intérieur. Les yeux, mi-clos, ne regardent rien – même si, intuitivement, on voit tout !

La *respiration* joue un rôle primordial. L'être vivant respire. Au commencement est le souffle. La respiration zen n'est comparable à aucune autre. Elle vise avant tout à établir un rythme lent, puissant et naturel. Si l'on est concentré sur une expiration douce, longue et profonde, l'attention rassemblée sur la posture, l'inspiration viendra naturellement. L'air est rejeté lentement et silencieusement, tandis que la poussée due à l'expiration descend puissamment dans le ventre. On « pousse sur les intestins », provoquant ainsi un salutaire massage des organes internes. Les maîtres comparent le souffle zen au mugissement de la vache ou à l'expiration du bébé qui crie aussitôt né.

L'attitude de l'esprit. La respiration juste ne peut surgir que d'une posture correcte. De même, l'attitude de l'esprit découle naturellement d'une profonde concentration sur la posture physique et la respiration. Qui a du souffle vit longtemps, intensément, paisiblement. L'exercice du souffle juste permet de neutraliser les chocs nerveux, de maîtriser instincts et passions, de contrôler l'activité mentale.

La circulation cérébrale est notablement améliorée. Le cortex se repose, et le flux conscient des pensées est arrêté, tandis que le sang afflue vers les couches profondes. Mieux irriguées, elles s'éveillent d'un demi-sommeil, et leur activité donne une impression de bien-être, de sérénité, de calme proche du sommeil profond, mais en plein éveil. Le système nerveux est détendu, le cerveau « primitif » en pleine activité. On est réceptif, attentif, au plus haut point, à travers chacune des cellules du corps. On pense avec le corps, inconsciemment, toute dualité, toutes contradictions dépassées, sans user d'énergie. Les peuples dits primitifs ont conservé un cerveau profond très actif. En développant notre type de civilisation, nous avons éduqué, affiné, complexifié l'intellect, et perdu la force, l'intuition, la sagesse liées au noyau interne du cerveau. C'est bien pourquoi le Zen est un trésor inestimable pour l'homme d'aujourd'hui, celui du moins qui a des yeux pour voir et des oreilles pour entendre. Par la pratique régulière de zazen, chance lui est donnée de devenir un homme nouveau en retournant à l'origine de la vie. Il peut accéder à la condition normale du corps et de l'esprit (qui sont un) en saisissant l'existence à sa racine.

Assis en zazen, on laisse les images, les pensées, les formations mentales, surgissant de l'inconscient, passer comme nuages dans le ciel – sans s'y opposer, sans s'y accrocher. Comme des ombres devant un miroir, les émanations du subconscient passent, repassent et s'évanouissent. Et l'on arrive à l'inconscient profond, sans pensée, au-delà de toute pensée *(hishiryo),* vraie pureté. Le Zen est très simple, et en même temps bien difficile à comprendre. C'est affaire d'effort et de répétition – comme la vie. Assis sans affaires, sans but ni esprit de profit, si votre posture, votre respiration et l'attitude de votre esprit sont en harmonie, vous comprenez le vrai Zen, vous saisissez la *nature de Bouddha.*

Glossaire

* *Atman* : Dans la philosophie indienne, substance indestructible de l'esprit humain.

* *Avalokitesvara* : Bodhisattva ayant réalisé sa propre nature par sa faculté d'écouter les sons du monde. Il symbolise la grande compassion de celui qui a fait vœu de sauver tous les êtres vivants apparaissant dans les dix directions (la totalité des macro- et microcosmes).

Bendowa : Chapitre I du *Shobogenzo,* de Maître Dogen. « Exposé sur l'importance du zazen ».

* *Bodhi* : L'état de Bouddha. L'éveil.

* *Bodhidharma* : Né à Ceylan au VIᵉ siècle. Alla en Chine par la mer et arriva à Canton. Fondateur et premier Patriarche du Zen *(Ch'an)* en Chine. Pendant neuf ans, il pratiqua zazen dans la montagne. Il vécut très vieux et devint un personnage légendaire.

* *Bodhisattva* : Être éveillé. « Bouddha vivant ». Chacun peut réaliser qu'il l'est, et consacrer sa vie à aider les autres hommes, en participant à la réalité sociale. Rien ne le distingue d'eux, mais son esprit est bouddha.

---

* Les mots précédés d'un astérisque sont d'origine sanscrite.

Bonno : Les illusions. Les passions. Tout ce qui obscurcit et trouble l'esprit.

* *Bouddha* : La racine sanscrite *boudh* signifie l'éveil, et bouddha : l'Éveillé. Ce mot désigne le Bouddha historique, Sakyamuni, qui vécut il y a 2 500 ans, et aussi tous ceux qui ont atteint la plus haute vérité, la vraie liberté. Les maîtres peuvent être appelés Bouddhas. Nous avons tous, au fond de nous, la nature de bouddha, l'essence originelle de la vie humaine.

* *Dharma* : Selon la racine sanscrite, l'ensemble des processus qui régissent la vie cosmique, les lois de l'univers, découvertes ou à découvrir. Désigne aussi parfois tantôt l'enseignement du Bouddha, tantôt toutes les existences, ou bien toutes les vérités, la vérité cosmique.

Dogen : 1200-1253. Le fondateur de l'école Soto au Japon. En 1223, il alla en Chine où il pratiqua le Zen avec Maître Nyojo durant quatre ans. Il revint au Japon en 1227. En 1244, il s'installa au temple d'Eihei-ji.

Dojo : Lieu de la Voie, en l'occurrence celui où l'on pratique la méditation Zen.

Ego : Le petit moi, possessif et limité, illusoire, alors que chacun tend à lui attribuer une réalité véritable.

Eka : 487-593. Le second Patriarche. En 520, il vint trouver Bodhidharma. L'histoire dit qu'il se coupa le bras gauche pour prouver sa sincérité.

Eno : 638-713. En chinois : Houei-neng, le sixième Patriarche. C'est lui qui a véritablement établi l'école Zen en Chine. Il eut plus de quarante disciples, dont Nangaku et Seigen.

Gassho : Action de joindre les mains verticalement devant soi. Ne demande pas une foi objective, est symbole de l'unité de l'esprit et de l'existence.

Hannya Shingyo ou *Makahannya haramita shinkyo* (*Maha prajna paramita hridaya sutra* en sanscrit) : C'est le « Sutra de la très grande sagesse qui va au-delà », ou « Sutra du cœur », l'essence d'un ensemble de sutras très développés que l'on trouve dans six cents livres, et le texte central du bouddhisme mahayana. Il est souvent chanté dans les dojos à l'issue du zazen.

* *Hinayana ou Theravada* : Cent ans après la mort du Bouddha, deux courants se formèrent : un courant conservateur et un courant progressif : Hinayana (Petit Véhicule) est le courant plus passif, fondé sur la loi et les préceptes. S'est répandu surtout dans le sud de l'Asie, Sri Lanka, Thaïlande, Birmanie...

Hishiryo : Penser sans penser. Au-delà de la pensée.

I shin den shin : De mon âme à ton âme.

* *Karma* : Enchaînement des causes et des effets. L'acte et ses conséquences (actions, paroles et pensées, êtres et choses sont étroitement interdépendants).

Katsu ou *Kwatz* : Cri du maître zen, qui part du *hara* (bas-ventre).

Kesa : Symbole de la transmission de maître à disciple. L'habit du Bouddha, l'habit du moine. *Rakusu* : petit *kesa*, plus pratique pour la vie courante, les voyages et donné aussi aux disciples (bodhisattvas). À l'origine, fut créé par le Bouddha. Lorsqu'il eut découvert zazen, Bouddha se rendit au bord du Gange, où l'on brûlait les morts. Il prit des morceaux de linceul, les lava dans le fleuve, les teignit avec de la terre ocre (*kasaya* en sanscrit signifie ocre) et les assembla. Plus tard, on se servit des feuilles des arbres et on mêla les couleurs de façon à ce que les morceaux de chiffon inutilisés, une fois lavés et cousus ensemble, aient une couleur « cassée », non vive. Le sens du *kesa,* dont les coutures dessinent une rizière, est : évocation du travail. Et surtout : l'étoffe la plus usagée peut devenir la plus belle, la plus sacrée, de même que l'être le plus perverti peut devenir le plus éveillé.

Kin hin : Après zazen, marcher lentement selon la méthode transmise.

Koan : Originellement, principe de gouvernement. Ici, problème contradictoire de l'existence. Principe de vérité éternelle transmis par un maître.

Kodo Sawaki : 1880-1965. Maître de Taisen Deshimaru, dont ce dernier a reçu la transmission et l'héritage spirituel.

Kontin : Assoupissement.

Ku : Vacuité, vide.

Kusen : Enseignement oral pendant zazen.

Kyosaku : Bâton Zen. Le coup de *kyosaku,* pendant le zazen, a un effet à la fois tonifiant et calmant.

Macrobiotique du grec *macros* : grand, et *bios* : vie : Art de la « longue vie », consistant à se nourrir en observant le Principe unique (Yin/Yang), en harmonie avec le milieu. Cf. les ouvrages de Georges Ohsawa.

* *Mahayana* ou Grand Véhicule : Courant progressif du bouddhisme. Amour universel et activité pour le salut de l'humanité. La Voie active. S'est répandu en Chine, au Tibet et au Japon.

Mondo, Mon : questions, *do* : réponses : Questions et réponses, entre disciples et maître.

Mu : Absolument rien.

Mushotoku : Sans but ni esprit de profit.

* *Nirvana* : Extinction complète des phénomènes. Désigne parfois la mort.

Rinzai : Dans le Zen, il n'y a pas de sectes. Mais à partir de Houei-Neng (Eno), cinq écoles se formèrent, selon les lieux et les méthodes d'éducation. Toutes pratiquaient le zazen. Il reste les deux principales, le Rinzai et le Soto. Dans le Rinzai, on utilise plus formellement les koans, et le zazen, que l'on pratique face au centre du dojo, y est devenu une méthode pour atteindre le satori.

* *Sakyamuni* : Le Bouddha historique.

* *Samadhi* (*Zan Mai* en japonais) : Concentration.

Sampai : Prosternation, devant le Bouddha ou devant le Maître, front contre terre, les paumes des mains dirigées vers le ciel de chaque côté de la tête (symboliquement pour recevoir les pas de Bouddha).

Sanran ou ken hen : Excitation.

Satori : S'éveiller à la vérité cosmique.

Sensei : Professeur. L'ancien. Terme respectueux.

Sesshin : Période d'entraînement intensif au zazen. Un ou plusieurs jours de vie collective, de concentration et de silence dans le dojo. On fait plusieurs heures de zazen par jour, entrecoupées de conférences, *mondos*, travail manuel *(samu)* et repas.

Shiho : Certificat de transmission et de succession remis par le maître au cours d'une cérémonie.

Shiki : Les phénomènes, les formes, les choses visibles.

Shobogenzo : *Le Trésor de l'œil de la Vraie Loi,* œuvre maîtresse de Maître Dogen.

Shodoka : *Chant de l'immédiat satori,* de Maître Yoka.

* *Skandhas* : Agrégats (sensation, perception, pensée, activité, conscience).

Soto : Dans l'école Soto, zazen est pratiqué sans but, sans objet et face au mur. Le maître ne donne pas systématiquement de koans, mais ses réponses aux questions des disciples utilisant les éléments de la vie quotidienne deviennent des koans.

* *Sutras* : L'enseignement du Bouddha, transcrit par ses disciples. Est devenu en fait l'enseignement des Maîtres, inclut tout leur enseignement à partir des paroles du Bouddha.

Tathagata : Celui qui a réalisé *Tathata.* Le Bouddha.

Tathata : La réalité telle qu'elle est.

Theravada : Voir *Hinayana.*

Transmigration : Doctrine héritée de la pensée indienne, selon laquelle, après sa mort, la parcelle d'énergie psychique, indestructible (l'*atman*), contenue dans chaque être, se réinvestit dans une nouvelle création de l'un des trois mondes, à moins que l'être réussisse à échapper au cycle des renaissances *(samsara)* en entrant dans le nirvana.

Zafu : Coussin dur rempli de kapok, sur lequel on s'assied pour la pratique de zazen ; le Bouddha se confectionna un coussin d'herbes sèches. Relever l'assise est nécessaire pour poser les genoux à terre et bien redresser la colonne vertébrale.

Zen (*Ch'an* en chinois, *Dhyana* en sanscrit) : Vrai et pro-
    fond silence. Habituellement traduit par : concentra-
    tion, méditation sans objet. Retour à l'esprit originel et
    pur de l'être humain.

Table

Numérisation et impression en juin 2015
par CPI Firmin-Didot
Éditions Albin Michel
22, rue Huyghens, 75014 Paris
www.albin-michel.fr

ISBN : 978-2-226-11429-7
ISSN : 0755-1835
N° d'édition : 13198/04. - N° d'impression : 129352.
Dépôt légal : février 2000.
Imprimé en France.